Minerva Shobo Librairie

考えを深めるための教育課程

児玉祥一/佐藤光友/奥野浩之
[編著]

ミネルヴァ書房

まえがき

　新しい学習指導要領のもと，これからの教育課程では教科等横断的な視点により構成される「カリキュラム・マネジメント」に基づいた授業展開が求められている。このテキストは，大学生を対象とし，教育課程について，知っておくべき基本的・入門的な内容についての知識を深め，そのうえで「カリキュラム・マネジメント」に基づいた教育課程の構成原理とその取り組みを深く学ぶことを目的として作成・編集を行った。

　教育課程の基本的・入門的な内容としては，「カリキュラムとは何か」，「教育課程行政」，「教育課程の変遷」，「学習指導要領の変遷」を取り上げて考察・解説した。加えて，新しい学習指導要領に基づいて行われる幼稚園，小学校，中学校，高等学校での新しい教育課程の編成について詳しく解説した。

　また，「道徳教育」，「総合的な学習の時間」，「学習評価」，「学級経営」，「地域連携」について取り上げ「カリキュラム・マネジメント」を基点とした考え方・授業展開や取り組みについてそれぞれ解説し，最終章でこれからの教育課程の課題などについてまとめた。なお，各章末には学習者が章の内容を振り返ることのできる学習課題を設定し，学習が効果的となるような工夫を試みている。

　本書の出版の執筆，編集等にあたっては，各章を担当執筆していただいた先生方，編集部の浅井久仁人さんにはたいへんお世話になった。ここに感謝の意を申し上げる次第である。

編著者　児玉祥一
佐藤光友
奥野浩之

考えを深めるための教育課程　**目　次**

まえがき

執筆者紹介 （執筆順，執筆担当）

佐藤光友 （さとう・みつとも，編者，同志社女子大学教職課程センター）
　　　　　　　　第1章・第12章

奥野浩之 （おくの・ひろゆき，編者，同志社大学免許資格課程センター）
　　　　　　　　第2章・第12章

児玉祥一 （こだま・しょういち，編者，京都橘大学発達科学部）第3章・第12章

奥山研司 （おくやま・けんじ，扇町同胞学園理事長）第4章

金子嘉秀 （かねこ・よしひで，帝京大学教育学部）第5章

本多千明 （ほんだ・ちあき，同志社大学免許資格課程センター）第5章

中本和彦 （なかもと・かずひこ，龍谷大学法学部）第6章

島田喜行 （しまだ・よしゆき，同志社大学文学部）第7章

田中曜次 （たなか・ようじ，大阪経済法科大学法学部）第8章

大津尚志 （おおつ・たかし，武庫川女子大学学校教育センター）第9章

水本徳明 （みずもと・のりあき，同志社女子大学教職課程センター）第10章

吉田卓司 （よしだ・たかし，藍野大学医療保健学部）第11章

第1章

カリキュラムとはなにか
——考えを深めるために

　　本章では，教育課程とカリキュラムいう言葉の違いや，その意味の違
いなどについて考察を深めていく。人生の来歴などといったカリキュラ
ムの言葉の意味について論じることで，現在の教育課程，カリキュラム
の考え方にも到底している要素を探っていく。カリキュラムという言葉
の奥義を見つめて，ヘルバルトなどのカリキュラムについての考え方な
どを参照しながら，当時の多種多様な知識を様々な角度から教えること
を主眼としたカリキュラムのあり方を考察する。さらに，キルパトリッ
クなどの子ども自らが興味・関心に誘われて学んでいくという考え方の
基盤となるカリキュラムのあり方を挙げて，カリキュラム，教育課程の
もつ多様的な側面について考えを深める。最後にカリキュラムの様々な
類型について論じてみたい。

1　カリキュラムと教育課程——そのことばをめぐって

（1）カリキュラムと人生の道程

　カリキュラムの語源とされるラテン語の "cursus" は，「走路」「競争」「経
過」などのコースを意味し，ラテン語の "curriculum" は，「走路」「循環」
「競走用馬車」などを意味していた（教育思想辞典 2000：92）。また，古代ロー
マの政治家であり，著述家でもあったキケロ（Cicero, BC：106-43）にまでその
起源を遡ってみれば，「人生の競争」あるいは「来歴」（curriculum vitae）とい
う比喩的な意味でも使われていたというのである（同：92）。すなわち，カリキ
ュラムという「来歴」，いうなれば「人生の来歴」，人生の歩むべき道程（コー
ス）と解して考えた場合には，それは個人の人生におけるコースという意味合
いと，他者との競争を意識した道程（コース）という意味合いで捉えることも
可能であろう。そのような意味で捉えることができるのならば，現代における

1

個人の人生の道程という，自らが歩むべき道，自分の生き方を探求する生涯学習的な意味合いがカリキュラムという言葉にはあったのかもしれない。また，他者との競争等を考慮した道程という意味で捉えるならば，かぎられた集団におけるポジションを獲得するといったこともカリキュラムという言葉から想像できるのではないか。カリキュラムのもとの意味の一つとして考えられる人生の道程，それは，自らの人生設計，自己の進んでいきたい目的・目標といったものとも大いに関連しているといってよいであろう。

　一方，教育課程という用語は，カリキュラムの日本語訳であるが，とりわけ，学校教育において計画的なものとして，学習指導要領などで使われている。教育課程，それは学校において，一例として考えてみるならば，教えていく順番や，単元の配列などを組織的につくっていく，そういう学校のカリキュラム，教育計画ということがいえるであろう。日本の学校教育においては，教育課程という言葉が，カリキュラムという用語よりも多く使われていた。だが，近年，カリキュラム・マネジメントという教科等横断的な視点を取り入れた教育計画が注目されて，新しい学習指導要領において，カリキュラムという用語をより多く見かけることができるようになってきた。

（2）カリキュラムと教育の過程

　20世紀後半に，それまでの古典的なカリキュラムに対して，例えば，当時としては新しいカリキュラムの概念等を提唱したキルパトリック（W. H. Kilpatrick：1871-1965）は，カリキュラムの進行に伴う教育の過程ということを考えれば，「教育の過程および人生の過程は，自発的にたてた目的を達しようとして行われる」（キルパトリック 1972：156-157），そういうものになっていくプロセスなんだと述べている。そのことはここでいう，学校における子どもたちが自らの人生行路において歩む道程という意味と重ねて解釈することもできよう。子どもたちの成長の過程を担う教師にとっても，カリキュラムを立てるということは「常に一定の計画を持ち，またいろいろのことを処理することを助成していかなければならぬ」（同：158）ことであり，それは教育する者がカリキュラム，教育計画というものを常に意識し，その教育内容を遂行していく

2

必要があるということでもある。カリキュラム，その教育計画の目的は，「人間をつくり上げること」（同：158）にあるのであり，カリキュラムが一人一人の子どもたちの人間形成，人生の歩みを一歩一歩踏みしめて進んでいく道として存在していることでもあるといえよう。

　カリキュラムという言葉を，人生の過程，人生の道程と，教育の過程と関連させて考えるならば，人生の過程，行路というものは，各人が歩んできた道を各人が振り返りながら学んでいかなければならないものであろうが，と同時に「人生は現在と過去とを基礎にして将来を遠くまで見きわめて」（同：157）いかなければならないものでもある。キルパトリックのカリキュラムについての考え方，その人生の過程についての考え方に従うならば，人生の道程は，一瞬一瞬の今，現在を生きている「現実生活の行われる唯一の場所」（同：157）と切り離して考えることはできない。このことは，生涯にわたって学習していくことに通底している「今を生きる」ことにつながるのであり，それは現在生きていくための日々の生活というものに埋没することなく，日々，自らを人生にわたって成長させていくということでもあろう。まさに，「成長とは，物事を決めていく場合に，生活を考慮に入れること」（同：157）であり，その成長を促す生活，とりわけ，子どもたちにとっての学校での日常生活がカリキュラムという言葉と深いかかわりをもっているということが見えてくるであろう。

　自らの人生の道程は，もちろん自己完結して進むわけではない。そこには必ず他者との競争といったものがつきまとう。他者と並んで自らのコースを走る人生の道程は，カリキュラムという言葉がもっていたこのような「人生の競争」という側面をも呈していると考えられる。学校教育においても，カリキュラムは，個としての子どもたち自らが頑張って消化していかなければならないものである。と同時に，学校教育においては，他者との競争という側面が顔を出してくる。教室において単独で学ぶ場合はともかく，他の子どもたちとの何らかの比較を意識させられる。ただ，人生，その生涯にわたる学習，カリキュラムをこなすといった場合，社会においてその協働的な営み，学習は必要不可欠であろう。そのような語の使用がさらに広げて詳しく秩序づけられた連続的な学習の経験およびその「過程」という意味を持つようになったとされる（教

育思想辞典 2000：92）。この学習の過程という言葉から私たちが想起できるものの一つにブルーナー（J. S. Bruner：1915-2016）の『教育の過程』（*The Process of Education*, 1960）を挙げることができる。教育用語としてのカリキュラムは，一説では，16世紀後半のラテン語文献に源を発し，西欧の大学において使われるようになったということである（教育思想辞典 2000：92）。

---

2 カリキュラムの考えを広げ深めるために

（1）カリキュラムへの取り組み

　この節では，カリキュラムのあり方について，具体的には，様々な知識を習得することに向かうカリキュラムと，一つのことを徹底的に学んでいくカリキュラムという，二つのカリキュラムへの取り組みについてみていく。知識を広範に学ぶのか，わずかの知識を深く掘りすすめて学んでいくのかといったカリキュラムの内容を含めた問題は，すでに18世紀において，ヘルバルト（J. F. Herbart：1776-1841）が，自らのカリキュラムへの取組において，一定の示唆を与えている。それゆえにヘルバルトのカリキュラムへの取り組みに注目することは，今日でも挙げることのできるカリキュラムをめぐる教育内容の課題につながると思われる。

　ここでは，そのヘルバルトのカリキュラムへの取り組みについての考え方を，梅根悟の見解などを基にして論をすすめてみたい。ヘルバルトは，1801年に，「中等教育のための教育学的カリキュラムの理念」というものを書いていて，これはヘルバルトの存命中は手稿の状態で公表されなかったものといわれている（梅根 1969：54）。この手稿は，当時のギムナジウム（ドイツの中等教育学校）の教育課程改革，カリキュラム改革を提示したものであったとされる（同：54）。国や時代は異なるものの，日本における中等教育，中学生や高校生が学習する段階のことであるとするならば，やはり，学習する時間というものも限られていたということは否定できないであろう。現代の教育においては，「確かな学力」を身につけることが課題とされているが，どのような学力を身につけさせるにせよ，子どもたちは多くの知識を習得しなければならない。ヘ

ルバルトの時代においても，学校教育での限られた時間におけるカリキュラムのあり方は，新たな知識（自然科学的な知識）を子どもたちに身につけさせるために，何らかの改革が必要であったと推察することができる。ヘルバルトは，当時の教育界での二つの主張の対立をどのように受け止め，解決しようとしていたのかは私たちにとっても興味深いことである。

　この教育に関する二つの主張というのは，一方で，古典語教育（当時の西欧において重視されていたギリシア語やラテン語等）をなくしてしまって，もっとその時代に実用的な知識を教えるべきであるという考え方や主張と，他方で，古典においてこそすべての知識の源泉があるのであり，実用的な知識をどれだけ幅広く勉強したとしても，その知識は表面的なものにとどまり，真に奥深い思索や学問的趣向は，そのような知識からは生まれないのであり，しっかりと古典語を習得すべきであるという考え方や主張であった（同：54）。この対立は，「いろいろの知識を多方的に教えること（*Mannigfaltigkeit*）と，少しの事に集中させること（*Gründlichkeit*）との対立」（同：54-55）として考えることができる。わたしたちは，このことをカリキュラムに関わる教育内容と関連づけて考えると，多種多様な知識を習得するということがより優れた教育内容であるのか，わずかな事柄についての徹底的な探究が教育内容としてより優れたものなのか，といった対立を規定するものとして捉えがちである。

（2）カリキュラムに関わる教育内容の対立

　このカリキュラムに関わる教育内容の対立は，単に種々の知識を幅広く習得できる内容と，少しの事柄にこだわって徹底的に体得できる内容との対立として捉えること以上に，その対立から統合しうる，あらたなカリキュラムのあり方を内包（ないほう）しているのではないだろうか。このカリキュラムに付随している対立，種々の知識を幅広く教え習得させることと，少しの事柄を徹底的に教え込み，学問の深淵さを体得させるといった教育内容あるいは教育方法に結びついたこの対立は，まさにある意味では，現代の教育課題ともいうべき，「物事・知識を多面的・多角的に学んでいくということ」と，「ある物事・事象・知識を徹底的に深く学んでいくこと」の対立を乗り越えて捉えなおすことに結びつくで

あろう。

当時のカリキュラム改革に伴うこれらの対立は，後のヘルバルトの『一般教育学』第二部「興味の多面性」において，「精神が一定の対象に没頭する作用」である専心（*Vertiefung*）と，「専心によって獲得した表象を反省し統一する作用」である致思（*Besinnung*）という二つの対比的な概念にも垣間見ることができよう（ヘルバルト 1967：67-69）。専心と専心とが互いに相矛盾するとき，すなわち，「純粋な致思という作用が成功しないとき，結果として生ずる人生像は，多面的ではなくて，不健全な『まとまりのない人間』」（三枝 1982：84）となってしまうと，ヘルバルトは考えていた。

「たとえ諸専心が（流行文化が少なからず準備しているような）矛盾するものを含まないとしても，どのようにしてそれらが互いに滲透し合うかということになると，なお大きな開きがある」（ヘルバルト 1967：68）。

その滲透が不完全な場合はどうか。その場合には，「多面的な人は，しばしば悪い第二義的意味でいわゆる物知りとよばれるものになる」（同：68）。だが，ひたすら一つの事柄に打ち込んでいく，そのような思考スタイルにおいてもまた，「同様に不用意な致思のもとでの一種類の専心からは，むら気の名人気質が生じる」（同：68）こととなるという。このようなヘルバルトの見識は，現代の学校教育における教育課程の編成に関わる何らかの示唆を与えるものと捉えることもできよう（三枝 1982：85）。カリキュラムのあり方を考えた場合，「教科・科目間，あるいは科目内の『矛盾』とか相互の『滲透』の問題，また教科・道徳・特別活動間に存在する同様の問題」（同：85）について，各目標や内容を現代の日本におけるカリキュラム・マネジメントの観点に立った教育課程のあり方と結びつけて吟味することも可能であろう。

そこで，次に，「物事・知識を多面的・多角的に学んでいくということ」と，「ある物事・事象・知識を徹底的に深く学んでいくこと」という，この両方を満たすことによって，教育課程，そのカリキュラムの内容において，現代の学校教育の課題の一つである子どもたちに「確かな学力」を身につけさせることができるのかを少しくみてみよう。ヘルバルトは，子どもたちの教育的意味のある活動の中で，直観作用を重視しているが，子供たちが物事を観察する場合

には，当然のこととして，冷静さ，注意力，集中力が必要であるが，それらの力が増せば増すほど，「いっそう堅固な基礎が，児童の将来の知識や判断全体に置かれる」（ヘルバルト 1982：46-47）として，子どもの学ぶときの観察態度に着目する。これまで挙げてきた「物事・知識を多面的・多角的に学んでいくということ」と，「ある物事・事象・知識を徹底的に深く学んでいくこと」のどちらの方向へと子どもたちを誘っていくにせよ，当の子どもたち自身が落ち着いた気持ちをもって取り組む観察態度，いわば，静観的な態度でもって勉強に取り組んでいくということ，そのことが大切なことであると理解できる。

　そのような態度を身につけさせるためにも，子どもの発達段階に応じた，余裕を持ったカリキュラムの設定が必要である。ただ，今まで述べてきた「物事・知識を多面的・多角的に学んでいくということ」と，「ある物事・事象・知識を徹底的に深く学んでいくこと」といった教育内容の二つの方向性に限定して考えても，両方向性への比重をカリキュラム作成のときに考えることが大切である。ヘルバルトは，ラテン語を先に教えて，高学年でギリシア語を教えるカリキュラムにみる教育内容の不合理さを嘆く。あくまでもギリシア語を先に学び，それからラテン語を学ぶべきであることを主張する。その理由は，文化史そのものにおいてそもそもがギリシア文化が歴史的に先行しているのであって，ラテン語はそれを受け継いで発展させたものだからであるという（梅根 1969：55）。「物事・知識を多面的・多角的に学んでいくということ」と，「ある物事・事象・知識を徹底的に深く学んでいくこと」この対立した教育内容とは別に，ヘルバルトは，自然科学主義と古典主義，これら両者が並立できる妥当なカリキュラムを考えた上で，教材過剰の弊に陥らないようにするためには，教材を子どもの発達段階に合わせていくことの必要性を説いていたのである（同：55）。

3　カリキュラムの概念——経験カリキュラムに照らして

（1）古いカリキュラムと新しいカリキュラム
　次節で紹介するカリキュラムの諸類型にも含まれている，経験カリキュラム

等の内容からカリキュラムの概念についての考察を深めてみたい。キルパトリックによれば，当時のカリキュラムの概念としてデューイと同じような経験を基盤としたカリキュラムを説いている。キルパトリックの考えていた新しいカリキュラムというものは，「経験を不断に改造していく上に役立つ学校における経験」（キルパトリック 1972：155-156），すなわち，学校において日々営まれる子どもの経験を起点とした教育計画でなければならないと考えていた。子どもたちにとって，それが経験を根底に据えた真に教育的意義を発揮するものになるためには，「カリキュラムは，前もってはっきりと作っておくことはできない」（同：158）ということだが，それは，子どもたちの興味・関心が系統だったもの（最初から系統立てたカリキュラム）ではなく，だからといってその場限りの好奇心といったものでもない経験的なカリキュラム，そのカリキュラムは最初から決められたものではない，ということであろう。

　当時，キルパトリックの考える古いカリキュラムと新しいカリキュラムの基準の一つとしては，静的なもの，すでに遺産的になっている動きのない文化・文明を前提としたカリキュラムと，動的な文化・文明，あるいは社会に対する課題を解決しようとする動きのあるカリキュラムという両カリキュラムの対置が考えられる。キルパトリックの時代にあって，それまでの古いカリキュラムのあり方は，「解決ずみの問題から成り立っている静的文明を前提として作られたもの」（同：156）として退けられる。このことは予想するに，「新しいカリキュラム」は，現代の課題を解決するためのものであり，いま生きている私たちの文化・文明を背景として経験する中で培っていくことのできるカリキュラムということであり，「古いカリキュラム」は，代表的には，かつての古代ギリシアや古代ローマでの文明，その時代に生きた人々の課題を計画的に挙げたものとしてある。

　従来の学校教育においては，「過去において完成された問題を，順序よく配列しておけばよかった」（同：156）のであり，そういうカリキュラムを子どもたちに伝達することであったとされる。それはかつてその時代においては有効だった教育内容が今や通用しなくなっているということでもあろう。キルパトリックが新しいカリキュラムを提唱した時代からさらに進んだ今日においても，

私たちにとって，伝統的な事柄，古典を学ぶといったことは，当然大切なことである。しかしながら，そのことの学びが最高の道徳，生きるための指針ともなるといったこと，伝統的なことに批判せずに理解し，暗記していくといった学習スタイルや考え方・学習方法でもって満足してはならない。古いカリキュラムに則って学習することは「受動的で『温順』であることが，青年にとって最高の道徳と考えられていた」（同：156）。そういう人間形成の側面をはらんでいたものとして，既存のカリキュラムの内容は，見直されなければならない。

（2）カリキュラムと教育方法

では，どのような教育方法によるカリキュラムがよいのであろうか。それは教える側が既存の知識を教え込むといったスタイルを見直し，教育を受ける者の自らの興味・関心により，その事柄を経験していくプロセス，それに教師が従いつつ，助言を与える教育方法によるカリキュラムといえよう。キルパトリックは次のように力説する。それは「古いものを新しい環境のために，また新しい環境の中で利用し適用する」（同：156）というものである。このことは，子どもたちの教科などの単元に対する興味・関心をより多く引き出すための教室環境づくりが必要であることを意味している。教える者は，「自分自身をなるべく不必要なもの」（同：156），そのような存在として位置づけ，子どもたちが取り組んでいることへの最小限の助言をする存在なのである。「教師はどうすれば子供たちが最善をつくし，全力をあげて目的を達するように，自主的に遂行できるか」（同：158-159）といった，そのような子どもたちの自主性を引き出せるカリキュラムを作成するためには，教師はカリキュラムと向き合い，学校全体でカリキュラムを検討していく必要がある。まさに，現代の学校教育において試行されているカリキュラム・マネジメントに通じる発想といえよう。教育を受ける子どもたちが自己形成していくためには，経験的・体験的なカリキュラムのあり方，その作成が重要である。

「一般に考えられているカリキュラムの概念とはよほど異なったものである。この新しいカリキュラムは経験から成り立っている」（同：157）。

その経験的で体験的なカリキュラムを実現するにはどうすればよいのであろ

うか。それはもちろんのこと，新たに考え出されたカリキュラムや，その新たなカリキュラムから導き出された教材等の準備が必要不可欠になってくる。このようなカリキュラムの変遷に対して，「新しい考え方の上に根底をおくもの」（同：156）が必要であり，そういうカリキュラムでなければならないということである。新しい考え方（子ども自らが興味・関心に誘われて学んでいくという考え方）の上に根底（基盤となるカリキュラムや教材を設定していく）をおくということと理解することもできよう。

　そのような基盤を教師は指導する上であらかじめ必要なものとして認識し，「時にはいろいろの教育資料を，時にはその資料のもととなるものを，また時にはそれを教える特殊な方法・手段を，必要に応じて与える」（同：158），そういう準備をしていかなければならないということなのである。当時，キルパトリックが考えた新しいカリキュラムは，「子供たちが大きくなって，未知の世界から日に日に投げかけられてくるいろいろの問題に直面しなければならない時に，最も役立つ」（同：159）ものとして計画されるものであるが，このことは，現代の問題解決型の教育，課題を解決していく教育にもつながっているように思われる。

　キルパトリックは，ただ闇雲に古典的な教科のあり方を否定しているのではない。すなわち，従来の学習が，あるいはカリキュラムが教科からのみ成立していたということ，そのことを見直す必要があるということなのである。このことは，彼が教科のカリキュラムといったものを軽視しているということではない。カリキュラムが教科からのみから成立しているものではないということを説きながら，古典的な教科のみを考慮したカリキュラムは「児童の要求を後にして，学習させるものをことさらに作り上げたもの」（同：157-158）そういう学習計画であり，キルパトリックは，その当時の古いカリキュラムのあり方の短所を見出し指摘したということである。

　まずは，経験，子どもたちが経験することで学んでいくということ，そのことを前提として教師は教えるということ，「特別に専門の方面にわたったり，また特別の教科を教えたりする」（同：159），そのことに終始するものではないということである。キルパトリックの時代のカリキュラムの課題を今日の時代

と重ねながら見つめることができるのならば，新たなカリキュラムのあり方において必要不可欠な事柄は「現在の経験を通して，よりよい行動様式を形成しようとする」（同：158），そのような子どもたちの活動や学習といったものを基盤とできるカリキュラムづくりが要請されていたということである。

「よりよい行動に向かって経験を引き上げていくところに，教材が必要となってくる」（同：158）というキルパトリックの考え方は，今日においても問題解決型の学習についての教育課程，カリキュラムのあり方にも大いに意義を与えるものといえよう。

4　カリキュラムの諸類型

ここでは，カリキュラムの様々な類型について少しくみていきたい。カリキュラムの類型としては，たとえば，教科カリキュラム，相関カリキュラム，融合カリキュラム，広領域カリキュラム，コア・カリキュラム，経験カリキュラム等を挙げることができるであろう。

まずは，教科カリキュラムであるが，このカリキュラムは，歴史的に継承されてきた文化遺産など伝統的な教育内容を論理的・系統的に秩序立ててカリキュラムを編成したものである。教育内容が系統的になっているところからもわかるように，わかりやすく順番に学ぶことができるカリキュラムといえよう。たとえば，日本の高等学校で学ぶ世界史や日本史といった科目には，古代から中世，近代（近世），現代へと歴史的な事柄，教育内容を年号順に学んでいくものが多く見受けられるが，このようなカリキュラムに教科カリキュラムの典型をみることも可能だと考えられる。

相関カリキュラムであるが，各教科が独立しており，教科の区分を持続しながらも，教科間の関連を深められるようにカリキュラムを編成したものである。それぞれの教科はそれぞれの教科として単独で存在しているものの，相互に関連しあっている事柄，たとえば，社会科的な分野として，ある地域の歴史，その場所の地理的条件，当時の人々の政治制度といった，歴史，地理，公民それぞれの教科に関連している内容として統合的に捉える視点をもつことのできる

カリキュラムのあり方である。

　融合カリキュラムであるが，関連のある各教科などから共通するもの，関連のあるものを融合させて新しい別の教科や領域にカリキュラムを再編成したものである。このカリキュラムは先の相関カリキュラムと混同しやすいものであるが，教科そのものが融合されて新しい教科として生まれ変わったものに対するカリキュラムということである。たとえば，植物と動物について学ぶ学問分野などが融合されて，生物という教科が編成されたことなどを挙げることができるであろう。

　広領域カリキュラムとは，一つの捉え方としては，融合カリキュラムをより一層発展させたもので，自然科学と人文科学といったように，大括りな領域にカリキュラムを編成したものである。教科や学問の領域にかなりの幅があるため，その領域のどちらにも当てはまらない，また，どちらにも属するものも出てくる側面はある。

　コア・カリキュラムは，中心となる科目や領域（中心課程）と，その周辺に関連のある科目や領域（周辺課程）を同心円上に設定してカリキュラムを編成したものである。中心，コアに何を持ってくるのかによって周辺の教科や活動が設定される。コアは必ずしも教科とは限らず，活動であったり，課題であったりする。

　経験カリキュラムは，先ほどのコア・カリキュラムとの関連性を多いに見ることができるが，子どもの興味や関心を出発点として，実生活にも役立つ，経験から学べる教育内容にカリキュラムを編成したものである。

学習課題

（1）カリキュラムと教育課程という言葉を再検討して，その言葉の今日的意味について考察してみよう。

（2）カリキュラム作成を行う際に，「物事・知識を多面的・多角的に学んでいく」ための教育計画と，「ある物事・事象・知識を徹底的に深く学んでいく」教育計画のあり方の違いによるメリットとデメリットについて討論してみよう。

引用・参考文献

浅沼茂ほか編著（1995）『ポストモダンとカリキュラム』みくに出版.

安彦忠彦（2007）『改訂版 教育課程編成論』日本放送出版協会.

梅根悟（1969）『西洋教育思想史3』誠文堂新光社.

大津尚志・伊藤良高編著（2018）『新版 教育課程論のフロンティア』晃洋書房.

教育思想史学会編（2000）『教育思想辞典』勁草書房.

W・H・キルパトリック，西本三十二訳（1972）『変革期に立つ文明と教育』帝塚山
　　学院出版部.

三枝孝弘（1982）『ヘルバルト「一般教育学」入門』明治図書出版.

D・ハミルトン，安川哲夫訳（1998）『学校教育の理論に向けて——クラス・カリキ
　　ュラム・一斉教授の思想と歴史』世織書房.

J・S・ブルーナー，鈴木祥蔵・佐藤三郎訳（1963）『教育の過程』岩波書店.

J・F・ヘルバルト，是常正美監訳（1982）『ペスタロッチーの直観のABCの理念』
　　玉川大学出版部.

J・F・ヘルバルト，三枝孝弘訳（1967）『一般教育学』明治図書出版.

（佐藤光友）

第2章

教育課程についての考えを深めるために（1）
教育課程行政

　　1946（昭和21）年11月3日，日本国憲法は公布され，翌1947（昭和22）年5月3日に施行された。戦前の日本の教育体制は，勅令主義であった。つまり，教育に関する基本事項は，帝国議会の協賛を経ず，天皇の大権により発せられた勅令によって定められていた。しかし，日本国憲法は，国会を「国権の最高機関」と位置づけ，国政全般にわたって議会制民主主義に基づく法律主義の原則を採用した。したがって，教育行政においても戦後は，勅令主義から法律主義へと転換されることとなったのである。本章では，教育行政のなかでも，教育課程行政に焦点を当て，主に初等・中等段階の教育課程に関する法的位置づけについて概観する。そして，日本の教育課程の基準とされる学習指導要領と，それに基づいて作られる教科書の意義と課題について考えてみたい。

1　教育課程と法規

（1）日本国憲法

　日本国憲法では，第98条1項で「この憲法は，国の最高法規であって，その条規に反する法律，命令，詔勅及び国務に関するその他の行為の全部又は一部は，その効力を有しない」と規定されている。これは，教育課程行政について考えを深めていくときも，常に日本国憲法に立ち返って考えていく必要があることを示している。教育について直接規定している第26条では，その1項で「すべての国民」の「その能力に応じて，ひとしく教育を受ける権利」を保障しているため，一部の富裕階級だけの教育を受ける権利ではなく，国民全体の教育を受ける権利が保障されなければならない。つまり，26条1項は国民が自由に教育を受けることができることを保障するだけではなく，国に対して教育施設や教育専門家を備えた教育制度を整備することも求めているのである。こ

の要請を受けて，教育基本法や学校教育法等が定められ，小・中学校の義務教育を中心とする教育制度が設けられている。26条2項は，1項の「教育を受ける権利」を実質的に保障するために，親権者に「普通教育を受けさせる義務」を課し，「義務教育」の「無償」を規定しているのである。この「無償」については，26条の社会権的側面から，教育基本法第5条に規定されている「国及び地方公共団体の設置する学校における」授業料の無償と解されている。

（2）教育基本法

　教育基本法は1947（昭和22）年に「日本国憲法の精神にのっとり，我が国の未来を切り拓く教育の基本を確立し，その振興を図るため」に制定された。2006年，教育基本法は教育の目標に「我が国と郷土を愛する」という項目が加えられるなど大きな論議を巻き起こしたが，第1次安倍政権下で野党欠席のまま与党の賛成多数で可決され改正された。改正された教育基本法において，教育課程と関わる条項として第1条「教育の目的」，第2条「教育の目標」，第3条「生涯学習の理念」，第4条「教育の機会均等」，第5条「義務教育」，第6条「学校教育」，第8条「私立学校」，第9条「教員」，第11条「幼児期の教育」，第13条「学校，家庭及び地域住民等の相互の連携協力」，第14条「政治教育」，第15条「宗教教育」，第16条「教育行政」，第17条「教育振興基本計画」がある。この中でも，14条と15条は教育課程編成において重要な条項である。14条2項では，日本国憲法の国民主権原理に基づき，国公立のみならず私立の学校においても「特定の政党を支持し，又はこれに反対するための政治教育その他政治的活動」を行うことを禁じている。また，15条2項では，日本国憲法第20条の「信教の自由」を保障するため，国公立の学校において「特定の宗教のための宗教教育その他宗教的活動」を行うことを禁じているが，私立の学校においては容認されている。そして，学校教育法施行規則では，私立の小中学校の教育課程を編成する場合は，宗教をもって特別の教科である道徳に代えることができると規定されている。

（3）学校教育法

　学校教育法では，教育基本法における教育の目的・目標と義務教育の目的に関する規定を踏まえ，義務教育の目標や学校種ごとの目的・目標などを定めている。2006年の教育基本法改正を受けて，学校教育法第21条に義務教育の目標が10号にわたって規定された。ここには，教育基本法改正で論点にもなった「我が国と郷土を愛する」という項目が加えられている。その上で，小学校の目的（29条）・中学校の目的（45条）が定められ，小・中学校教育の目標（30条・46条）として，「第21条各号に掲げる目標を達成するよう行われるものとする」と規定されている。また，第30条2項は，「前項の場合においては，生涯にわたり学習する基盤が培われるよう，基礎的な知識及び技能を習得させるとともに，これらを活用して課題を解決するために必要な思考力，判断力，表現力その他の能力をはぐくみ，主体的に学習に取り組む態度を養うことに，特に意を用いなければならない」と規定し，第49条の規定により中学校に準用されている。さらに，これらの規定に従い，文部科学大臣が小・中学校の教育課程の基準を定めることになっている（33条・48条）。なお，日本国憲法第26条2項の義務教育について，第16条で9年と定めている。

（4）学校教育法施行令

　学校教育法施行令は，学校教育法の委任に基づいて定められた政令である。学校教育法第17条3項は「前二項の義務の履行の督促その他これらの義務の履行に関し必要な事項は，政令で定める」とし，就学義務に関する手続きを学校教育法施行令に委任している。具体的には，第1～3条「学齢簿の編製」，第5～8条「入学期日の通知，学校の指定」，第11～12条の2「特別支援学校への就学についての通知」，第21条「教育委員会の行う出席の督促」，第22条「全課程修了者の通知」，第29条「公立学校の学期・長期休業日」など，義務教育を実施するために必要な手続きが定められている。

（5）学校教育法施行規則

　学校教育法施行規則は，学校教育法を実施するための細則的規定を定めた文

部科学省令である。教育課程については，各学校種の領域構成，教科等の種類とその標準授業時数，学習指導要領の位置づけなどが規定されている。教育課程に関する主な規定としては，第24条「校長の指導要録作成義務」，第25条「校長の出席簿作成義務」，第28条「学校備付表簿とその保存期間」，第50条「小学校の教育課程の編成」，第51条（別表１）「小学校の年間標準授業時数」，第52条「小学校の教育課程の基準」，第53条「教育課程編成の特例」，第59条「学年（4／1〜3／31）」，第61条「公立学校の休業日」，第63条「非常変災等による臨時休業」，第72条「中学校の教育課程の編成」，第73条（別表２）「中学校の年間標準授業時数」，第74条「中学校の教育課程の基準」，第83条（別表３）「高等学校の教科・科目」，第84条「高等学校の教育課程の基準」などがある。

（6）地方教育行政の組織及び運営に関する法律

　地方の教育行政のあり方については，地方教育行政の組織及び運営に関する法律に定められている。第21条では，「教育委員会は，当該地方公共団体が処理する教育に関する事務で，次に掲げるものを管理し，及び執行する」とし，その5号で「教育委員会の所管に属する学校の組織編制，教育課程，学習指導，生徒指導及び職業指導に関すること」が挙げられている。また，第33条1項では，「教育委員会は，法令又は条例に違反しない限りにおいて，その所管に属する学校その他の教育機関の施設，設備，組織編制，教育課程，教材の取扱いその他の管理運営の基本的事項について，必要な教育委員会規則を定めるものとする」としている。教育委員会はその所管に属する学校の教育課程について管理・執行する権限をもつとともに，教育委員会規則で一定の基準を設けることができることになっており，教育における地方分権主義が尊重されている。同時に，第48条では，「文部科学大臣は都道府県又は市町村に対し，都道府県委員会は市町村に対し，都道府県又は市町村の教育に関する事務の適正な処理を図るため，必要な指導，助言又は援助を行うことができる」と定められており，文部科学大臣と都道府県（教育委員会），そして市町村（教育委員会）の間には縦の関係が存在していることも分かる。新学習指導要領が目指す「社会に開かれた教育課程」を実現するためには，この縦の関係を活用することによ

って，教育における地方分権を進めていく必要がある。その一つとして，47条の5に規定されている学校運営協議会を設置したコミュニティ・スクールを導入し，地域とともにある学校づくりを推進していくことが期待されている。

2　教育課程と学習指導要領

（1）学習指導要領の法的性格

　学習指導要領は小学校・中学校・高等学校・各特別支援学校（小学部・中学部・高等部）においてそれぞれ発行されている。学習指導要領とは，全国のどの地域で教育を受けても一定の水準の教育を受けられるようにするために各学校で定められた教育課程を編成する際の基準である。学習指導要領では，小学校・中学校・高等学校等ごとに，それぞれの教科等の目標や大まかな教育内容を定めている。各学校では，この学習指導要領や学校教育法施行規則で定められた年間の標準授業時数等を踏まえ，地域や学校の実態に応じて，教育課程を編成している。

　この学習指導要領は，その法的性格が幾度となく問題とされてきた。戦後，初めて誕生した学習指導要領は米国バージニア州の「コース・オブ・スタディ（Course of Study）」をモデルとして作成された。最初の学習指導要領は，戦前にみられたような画一的な教育，中央集権的な教育行政を批判し，教師にとっての「手引き」とされた。そのことは，1947（昭和22）年に発行された『学習指導要領一般編（試案）』の冒頭にも次のように示されている。

> 　これまでの教師用書のように，一つの動かすことのできない道をきめて，それを示そうとするような目的でつくられたものではない。新しく児童の要求と社会の要求とに応じて生まれた教科課程をどんなふうに生かして行くかを教師自身が自分で研究して行く手びきとして書かれたものである。

　しかし，1958（昭和33）年改訂の学習指導要領は，「試案」の文字が削除され，官報に「告示」されることで，法的拘束力を有するものになったとされている。この学習指導要領のあり方は現在まで引き継がれ，2016年版小学校学習指導要

18

領の解説総則編においても次のように説明されている。

> 学習指導要領は，小学校教育について一定の水準を確保するために法令に基づい
> て国が定めた教育課程の基準であるので，各学校の教育課程の編成及び実施に当た
> っては，これに従わなければならないものである。

（2）学習指導要領の法的拘束力

　では，この学習指導要領の根拠となる法令についてみていきたい。学校教育
法第33条・48条・52条は，小学校・中学校・高等学校の教育課程に関する事項
は，文部科学大臣が定める，としている。この学校教育法の委任を受けて，学
校教育法施行規則第52条・74条・84条では，小学校・中学校・高等学校の教育
課程については，教育課程の基準として，文部科学大臣が別に公示する各学習
指導要領によるものとしている。この規定に基づいて，文部科学大臣は小学
校・中学校・高等学校の学習指導要領を告示という形式で定めている。

　しかし，学習指導要領の法的拘束力（法的基準性）については，教育内容の
決定権は国家ではなく，教師を中心とする国民にあるとする国民教育権説の立
場から疑義が出され，裁判でも争われてきた。この子どもに対する教育内容の
決定権能の帰属問題については，旭川学テ事件の最高裁判決で「憲法上，親は
一定範囲においてその子女の教育の自由をもち，また，私学教育の自由及び教
師の教授の自由も限られた範囲において認められるが，それ以外の領域におい
ては，国は，子ども自身の利益の擁護のため，又は子どもの成長に対する社会
公共の利益と関心にこたえるため，必要かつ相当と認められる範囲において，
子どもの教育内容を決定する権能を有する」とされた。また，本訴訟のなかで
は1958年版中学校学習指導要領の効力についても争われ，「昭和36年当時の中
学校学習指導要領（昭和33年文部省告示第81号）は，全体としてみた場合，中学
校における教育課程に関し，教育の機会均等の確保及び全国的な一定水準の維
持の目的のために必要かつ合理的と認められる大綱的な遵守基準を設定したも
のとして，有効である」という司法判断が示された。

　その後，伝習館高校事件の最高裁判決では，「高等学校学習指導要領（昭和

35年文部省告示第94号）は法規としての性質を有するとした原審の判断は，正当として是認することができ，右学習指導要領の性質をそのように解することが憲法23条，26条に違反するものでない」とした。さらに，「懲戒事由に該当する被上告人らの前記各行為は，高等学校における教育活動の中で枢要な部分を占める日常の教科の授業，考査ないし生徒の成績評価に関して行われたものであるところ，教育の具体的内容及び方法につき高等学校の教師に認められるべき裁量を前提としてもなお，明らかにその範囲を逸脱して，日常の教育のあり方を律する学校教育法の規定や学習指導要領の定め等に明白に違反するものである」と判断したことから，学習指導要領は学校現場に対して法的拘束力を有するとの立場を最高裁判所が明確に支持したと考えられている。

（3）学習指導要領の基準性

　学習指導要領は，前文において，「学習指導要領とは，こうした理念の実現に向けて必要となる教育課程の基準を大綱的に定めるものである」とされている。では，大綱的基準としての学習指導要領とはいかなるものであろうか。学力低下批判をうけた1998（平成10）年版学習指導要領が小中学校で全面実施される直前の2002（平成14）年1月，文部科学省は確かな学力向上のための2002アピール「学びのすすめ」を提示し，そのなかで学習指導要領は最低基準であることを明記した。この学習指導要領の基準性について，2003（平成15）年10月の「初等中等教育における当面の教育課程及び指導の充実・改善方策について（答申）」では次のように示されている。

　　学習指導要領は，全国的に一定の教育水準を確保するなどの観点から，各学校が編成する教育課程の基準として，国が学校教育法等の規定に基づき各教科等の目標や大まかな内容を告示として定めているものである。この学習指導要領には，小・中学校等の義務教育諸学校についてはすべての児童生徒に対して指導すべき内容が，高等学校等については当該科目を履修するすべての生徒に原則として指導すべき内容が示されている。各学校においては，まずは児童生徒に学習指導要領の各教科等及び各学年等に示された内容の確実な定着を図ることが求められている。各学校は，この指導を十分に行った上で，個性を生かす教育を充実する観点から，児童生徒の

実態に応じ，学習指導要領に示されていない内容を加えて指導することも考える必要がある。これにより，共通に指導した内容について，更に知識を深め，技能を高めたり，思考力・判断力を高め，表現力を豊かにしたり，学習意欲を高めたりすることも期待される。

そして，「基準性」の趣旨を生かした教育と「はどめ規定」に係る課題として次のように指摘している。

児童生徒に［確かな学力］をはぐくむためには，各学校において学習指導要領の「基準性」を理解した上で個性を生かす教育が行われることが大切であり，このような取組が多くなされているところである。しかしながら，一方で，各学校に対する学習指導要領の「基準性」の趣旨についての周知が不十分であるため，学習指導要領に示されていない内容を加えて指導することが適切な場合であってもそれが十分考慮されていない状況も見受けられる。

学習指導要領では，従来から，各教科に示された指導内容に関して「～は扱わないものとする」などの取り扱う内容の範囲や程度を明確にする記述（いわゆる［はどめ規定］）や「～については〇種類又は△種類扱う」などの事例数等の範囲や程度を明確にする記述が「内容の取扱い」として示されている。これらのいわゆる［はどめ規定］等は，学習指導要領に示された内容をすべての児童生徒に指導するに当たっての範囲や程度を明確にしたり，学習指導が網羅的・羅列的にならないようにしたりするための規定である。したがって，各学校において，必要に応じ児童生徒の実態等を踏まえて個性を生かす教育を行う場合には，この規定にかかわらず学習指導要領に示されていない内容を指導することも可能なものである」。

つまり，最低基準としての法的拘束力を有する学習指導要領は，各学校の判断で学習指導要領に示されていない内容を加えて児童生徒の実態を踏まえた個性を生かす教育を行うためにも，指導すべき内容については大まかな内容を示すにとどめるべきである。しかし，2017（平成29）年改訂の学習指導要領では，中学校社会科地理的分野と公民的分野の内容の取扱いにおいて「尖閣諸島をめぐり解決すべき領有権の問題は存在していないこと」を取り上げることが求められている。2018年に改訂された「地理総合」「公共」の高等学校学習指導要

領にもこの点が記述されている。これは，中国が尖閣諸島を自国の領土と主張していることを生徒に教えてはならない，ということを意味しているとも捉えることができる。このような記述は学習指導要領が求める「多面的・多角的な考察」という学びとも両立し得ないことから，新学習指導要領については大綱的基準として問題があるという見解も少なくない。学習指導要領に法的拘束力があるとすれば，最低基準としての学習指導要領が示す内容について今後もさらなる議論が必要である。

3 教育課程と教科書

（1）教科書の法的性格

　教科書とは，教科書の発行に関する臨時措置法第2条において「小学校，中学校，義務教育学校，高等学校，中等教育学校及びこれらに準ずる学校において，教育課程の構成に応じて組織排列された教科の主たる教材として，教授の用に供せられる児童又は生徒用図書であり，文部科学大臣の検定を経たもの又は文部科学省が著作の名義を有するもの」とされている。文部科学省の検定を経た教科書（文部科学省検定済教科書）と，文部科学省が著作の名義を有する教科書（文部科学省著作教科書）は，小学校においてはこれらの教科書を使用しなければならないと学校教育法第34条で定められている。この規定は，中学校，義務教育学校，高等学校，中等教育学校，特別支援学校にも準用されている。なお，高等学校，中等教育学校の後期課程，特別支援学校並びに特別支援学級において，適切な教科書がないなど特別な場合には，これらの教科書以外の図書（一般図書等）を教科書として使用することができる。

　教科書は，国公私立の義務教育諸学校に在学している全児童生徒に対し，その使用する全教科について，国の負担によって無償で給与されている。この義務教育の教科書無償給与制度は，憲法第26条に掲げる義務教育無償の精神をより広く実現するものとして，我が国の将来を担う児童生徒に対し，国民全体の期待をこめて，その負担によって実施されている。この制度は，「義務教育諸学校の教科用図書の無償に関する法律」）及び「義務教育諸学校の教科用図書

の無償措置に関する法律」に基づき，1963（昭和38）年度に小学校第 1 学年について実施され，以後，学年進行方式によって毎年拡大され，1969（昭和44）年度に，小中学校の全学年に無償給与が完成し，現在に至っている。義務教育教科書無償給与制度においては，授業料と異なり，国公立に加えて私立の義務教育諸学校においても教科書は無償とされている。ただし，憲法第26条 2 項が保障する「無償」は授業料と解されていることから，教科書の無償は憲法上保障されているものではない。

（2）教科書検定

　第二次世界大戦の終了までは，一般的に教科書は政府が作成する制度であったが，現在の教科書検定制度は民間の教科書発行者による教科書の著作・編集が基本となる。各発行者は，学習指導要領，教科書検定基準等をもとに，創意工夫を加えた図書を作成し，検定申請する。図書は，文部科学大臣の検定を経てはじめて，学校で教科書として使用される資格を与えられる。発行者から検定申請された申請図書は，教科書として適切であるかどうかを文部科学大臣の諮問機関である教科用図書検定調査審議会に諮問されるとともに，文部科学省の教科書調査官による調査が行われる。審議会での専門的・学術的な審議を経て答申が行われると，文部科学大臣は，この答申に基づき検定を行う。検定に合格した教科書が教室で実際に使用されるまでの基本的な流れは図 2 - 1 の通りである。

　教科書検定については，「何を」「どこまで」記載するかを検定することから，公権力による教育内容への関与の在り方が問題となる。まず，憲法第21条 2 項で禁止された検閲に該当しないかが問題となった。この点，税関検査事件における判例（最高裁1984年12月12日）が「憲法二一条二項にいう『検閲』とは，行政権が主体となつて，思想内容等の表現物を対象とし，その全部又は一部の発表の禁止を目的として，対象とされる一定の表現物につき網羅的一般的に，発表前にその内容を審査した上，不適当と認めるものの発表を禁止することを，その特質として備えるものを指すと解すべきである」と示している。教科書検定と憲法第21条 2 項の問題については，家永教科書裁判においても争われ，家

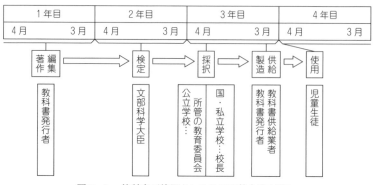

図2-1　教科書が使用されるまでの基本的な流れ

（出所）教科書制度の概要　https://www.mext.go.jp/a_menu/shotou/kyoukasho/gaiyou
/04060901.htm

永の主張をほぼ全面的に認めた杉本良吉裁判長による第二次家永教科書事件一
審とその他の裁判による判決では全く異なる見解が示されている。次に，第二
次家永教科書事件一審と，対照的な最高裁判決として第一次家永教科書事件上
告審を取り上げて，教科書検定に関わるそれぞれの見解について考察してみた
い。

（3）家永教科書裁判

　歴史学者の家永三郎は，自著の高等学校日本史教科書『新日本史』の検定不
合格処分や条件付き合格処分を不服として，教科書検定制度は憲法の保障する
表現の自由，検閲の禁止，学問の自由などに反すると主張し，国などを相手ど
って提訴し30余年にわたって争った。この一連の裁判において，裁判所は異な
る見解を示している。第二次家永教科書事件一審（東京地裁1970年7月17日）で
は，「憲法二一条二項は『検閲は，これをしてはならない。』と定め，『検閲』
を禁止しているが，ここに『検閲』とは，これを表現の自由についていえば公
権力によつて外に発表されるべき思想の内容を予じめ審査し，不適当と認める
ときは，その発表を禁止するいわゆる事前審査を意味し，また，『検閲』は，
思想内容の審査に関する限り，一切禁止されていると解すべきである。すなわ
ち，憲法二一条一項で保障される表現の自由も全く自由であるわけでなく，公

共の福祉による必要最少限度の制約を受けるものであることはいうまでもない
が，このことを前提としつつ，なおかつその歴史的経験にかんがみ，思想内容
の審査に関する限り，たとえ公共の福祉の名においても，公権力が事前にこれ
を規制することは一切許さない趣旨と解しなければならない。」とし，教科書
検定については「国の行政機関である文部大臣が教科書の発行に先だち，申請
教科書について審査を加え，その結果検定において不合格とされた図書を教科
書として出版することを禁止するものであつて，その法的性格は事前の許可と
解せられるのであるが，しかし出版に関する事前許可制がすべて検閲に該当す
るわけでないことはいうまでもない。してみると，右の審査が思想内容に及ぶ
ものでない限り，教科書検定は検閲に該当しないものというべきである。」と
示した。つまり，教科書検定における審査が思想内容に及ぶ場合は，検閲に該
当するとしたのである。

　さらに，この裁判では，旧教育基本法第10条１項「教育は，不当な支配に服
することなく，国民全体に対し直接に責任を負つて行われるべきものである」
と，２項「教育行政は，この自覚のもとに，教育の目的を遂行するに必要な諸
条件の整備確立を目標として行われなければならない」に言及し，「教育基本
法一〇条の趣旨は，その一，二項を通じて，教育行政ことに国の教育行政は教
育の外的事項について条件整備の責務を負うけれども，教育の内的事項につい
ては，指導，助言等は別として，教育課程の大綱を定めるなど一定の限度を超
えてこれに権力的に介入することは許されず，このような介入は不当な支配に
当たると解すべきであるから，これを教科書に関する行政である教科書検定に
ついてみるに，教科書検定における審査は教科書の誤記，誤植その他の客観的
に明らかな誤り，教科書の造本その他教科書についての技術的事項および教科
書内容が教育課程の大綱的基準の枠内にあるかの諸点にとどめられるべきもの
であつて，審査が右の限度を超えて，教科書の記述内容の当否にまで及ぶとき
には，検定は教育基本法一〇条に違反するというべきである」とした。そして，
「本件検定不合格処分は，いずれも教科書に盛られた執筆者の思想（学問研究
の成果）内容を事前審査するものというべきであるから，憲法二一条二項の禁
止する検閲に該当し，同時に教科書の誤記，誤植その他の著者の学問的見解に

かかわらない客観的に明白な誤りとはいえない記述内容の当否に介入するものであるから，教育基本法一〇条に違反するものといわざるを得ない」と判示した。

一方，第一次家永教科書事件上告審（最高裁1993年3月16日）では，「国は，子ども自身の利益の擁護のため，又は子どもの成長に対する社会公共の利益と関心にこたえるため，必要かつ相当と認められる範囲において，子どもに対する教育内容を決定する権能を有する。もっとも，教育内容への国家的介入はできるだけ抑制的であることが要請され，殊に，子どもが自由かつ独立の人格として成長することを妨げるような介入，たとえば，誤った知識や一方的な観念を子どもに植え付けるような内容の教育を施すことを強制することは許されない。また，教育行政機関が法令に基づき教育の内容及び方法に関して許容される目的のために必要かつ合理的と認められる規制を施すことは，必ずしも教育基本法一〇条の禁止するところではない」とし，「本件検定による審査は，単なる誤記，誤植等の形式的なものにとどまらず，記述の実質的な内容，すなわち教育内容に及ぶものである」という判断を示した。その理由として，「普通教育の場においては，児童，生徒の側にはいまだ授業の内容を批判する十分な能力は備わっていないこと，学校，教師を選択する余地も乏しく教育の機会均等を図る必要があることなどから，教育内容が正確かつ中立・公正で，地域，学校のいかんにかかわらず全国的に一定の水準であることが要請される」ことを挙げている。第二次家永教科書事件第一審では，教科書検定が教科書の記述内容に及ぶときは，旧教育基本法第10条に違反し許されないとしたが，第一次家永教科書事件上告審では，教科書検定は教科書の記述内容に及ぶものであり，旧教育基本法第10条にも違反しないという全く正反対の判断を示したのである。

検閲においても，「不合格図書をそのまま一般図書として発行し，教師，児童，生徒を含む国民一般にこれを発表すること，すなわち思想の自由市場に登場させることは，何ら妨げられるところはない」とし，税関検査事件で示された検閲の解釈を挙げたうえで，「本件検定は，前記のとおり，一般図書としての発行を何ら妨げるものではなく，発表禁止目的や発表前の審査などの特質がないから，検閲に当たらず，憲法二一条二項前段の規定に違反するものではな

い」と判示した。第二次家永教科書事件一審が家永氏の主張をほぼ全面的に認めたのに対し，第一次家永教科書事件上告審では家永氏の主張は全く認められなかった。これら相反する二つの判決は，国民に検定制度のあり方を問題提起し，教科書検定が内包する課題を明らかにしてくれた。

4　「不当な支配に服すること」のない教育へ

2014（平成26）年1月，教科書検定基準が改正され，社会科では政府の統一的見解がある場合はそれを取り上げることなどが盛り込まれた。この改正は，教科書記載内容まで積極的に指示するものとなっている点で，それまでの検定基準と質的に異なるものとなっている。2021（令和3）年4月，慰安婦問題をめぐり誤解を招くおそれがあるとして「従軍慰安婦」ではなく「慰安婦」という用語を，太平洋戦争中の「徴用」をめぐっては「強制連行」や「連行」ではなく「徴用」を用いることが適切だとする答弁書を閣議決定した。これを受け文部科学省は，社会科の教科書を発行する会社を対象に記述の訂正申請に関する異例の説明会を開き，その後，教科書会社5社から「従軍慰安婦」と「強制連行」という用語の削除や変更の訂正申請があり，承認したことを明らかにした。教科書に政府見解を盛り込むとしても，逆の立場の見方が圧縮され，問題の本質が分からなくなるような事態は避けなければならない。教育が「不当な支配に服する」ことを防ぐために，いま私たち一人ひとりは現在の教育課程行政に問題意識を持つことが求められているのではないだろうか。

> **学習課題**
> （1）取得予定免許（校種・教科等）に関わる学習指導要領の記述を分析し，大綱的基準であるかどうか考えてみよう。
> （2）教科書検定基準を読み，それぞれの項目の必要性について議論してみよう。

注
1）旭川学テ事件：文部省（当時）の指示で実施された1961（昭和36）年度「全国中

学校一斉学力調査」（学テ）に反対して，旭川市立永山中学校における学テの実施を実力で阻止しようとした教職員組合役員ら4名が公務執行妨害等の罪で起訴された事件

2）伝習館高校事件：授業で教科書を使用せず，学習指導要領の目標・内容を逸脱した指導を行うなどしたため，学習指導要領違反等を理由に懲戒免職処分を受けた福岡県立伝習館高等学校社会科教師3名が，その取り消しを求めて訴えた事件。

引用・参考文献

芦部信喜編（1990）『教科書裁判と憲法学』学陽書房.

家永三郎著（1981）『教科書裁判』日本評論社.

伊藤一雄ほか編著（2018）『新しい教職基礎論』サンライズ出版.

大津尚志ほか編著（2018）『新版 教育課程論のフロンティア』晃洋書房.

尾崎博美ほか編（2018）『ワークで学ぶ教育課程論』ナカニシヤ出版.

坂田仰ほか著（2021）『新訂第4版 図解・表解 教育法規』教育開発研究所.

柴田義松編著（2008）『教育課程論 第二版』学文社.

田中博之（2017）『改訂版 カリキュラム編成論——子どもの総合学力を育てる学校づくり』放送大学教育振興会.

田中耕治編（2018）『よくわかる教育課程 第2版』ミネルヴァ書房.

田中耕治ほか著（2018）『新しい時代の教育課程 第4版』有斐閣.

奈須正裕ほか編著（2019）『教育課程編成論 新訂版』玉川大学出版部.

根津朋実編著（2019）『MINERVA はじめて学ぶ教職⑩ 教育課程』ミネルヴァ書房.

樋口直宏ほか編著（2020）『実践に活かす 教育課程論・教育の方法と技術論』学事出版.

広岡義之編著（2016）『はじめて学ぶ教育課程』ミネルヴァ書房.

古川治ほか編著（2015）『教職をめざす人のための教育課程論』北大路書房，年

森山賢一編著（2021）『教育課程編成論 改訂版』学文社.

山田雅彦編著（2018）『教師のための教育学シリーズ6 教育課程論 第2版』学文社.

山田恵吾ほか著（2019）『教育課程を学ぶ』ミネルヴァ書房.

文部科学省HP「教科書制度の概要」https://www.mext.go.jp/a_menu/shotou/kyokasho/gaiyou/04060901.htm 2022年5月12日閲覧

（奥野浩之）

第3章

教育課程についての考えを深めるために（2）
教育課程の変遷——教科課程の時代を中心に

　明治維新を迎え，新政府は西洋列強からの独立と近代日本国家を創出するために欧米から学び富国強兵政策を進めていく。なかでも教育は国民の統合と国内の産業化を進める上で何よりも重要な課題と考えていた。

　1871（明治4）年には文部省が設置され，日本における近代公教育の起点となる「学制」が1872（明治5）年に出され，ここに近代学校が創設された。この近代学校で教える内容や配列のことを示す「教育課程」（当時は「学科課程」「教科課程」と呼ばれた）についても統一して示されていくことになった。

　この章では戦前の日本における教育制度と教育課程の変遷を時代の特色とともに見ていきたい。特に教育課程とは「教育目的」を達成するための内容・配列を準備したものであるので，この章では明治から戦前までの教育の目的と教育課程の変遷について確認してほしい。そして，次章で学ぶ教育目的との違いを踏まえて「教育課程」の編成は何を基準に作られるのか学んでほしい。

1　「学制」期の教育の目的と教育課程

（1）「学制」の公布

　明治新政府は近代国家の形成及び新たな国民の創出を教育に求めた。1869（明治2）年の地方行政指針「府県施政順序」には「小学校ヲ設クル事」と示し，各府県に小学校の設置を命じている。すべての階層の人が学ぶための機関としての小学校を設け，日本国民を創る準備を行ったのである。1871（明治4）年には全国の教育行政を統括するために「文部省」が設置される。そして，文部省より日本における近代公教育の起点となる法令で全編109章からなる「学制」が1872（明治5）年9月に発せられた。

　学制はフランスの教育制度をモデルに全国を8大学区（翌年には7大学区に

改正）に分け，各大学を32の中学区，各中学区を210の小学区に分け，各学区それぞれに大学校・中学校・小学校を各１校ずつ設置し，その各学校において近代学校教育を実施することをめざしたのである。

　最初の近代学校教育の基本的構造は，全国民を対象とする単一課程の学校体系を基本とし，小学校は下等小学４年（６歳から９歳まで），上等小学４年（10歳から13歳まで）の四・四に分け，男女ともに必ず卒業すべきものとした。そして，小学校を卒業し，選ばれた者が中学校へ進学する。中学校は下等中学３年（14歳から16歳），上等中学３年（17歳から19歳）の三・三に分け，さらに教育年限を定めない大学へと進む制度であった。江戸時代までの支配層と庶民層が別々の場所で別々の内容を学ぶことで成立していた教育制度とは全く異なる構想である。

（２）「学事奨励ニ関スル 被仰出書」（「被仰出書」「学制序文」）

　学制の公布に併せて「学制の趣旨」すなわち「教育の目的・学校の設置目的」について示したのが「学事奨励ニ関スル 被仰出書」（「以下　被仰出書」）である。この「被仰出書」は，日本の近代教育の起点となる時点での「教育の目的」について明らかにしているので，詳しく解説していくことにしたい。

　「被仰出書」の冒頭で，学校を設立する理由について「人が立身し，財産を持ち事業を成功させ（＝立身治産）悔いのない人生を送るため」には，知識を広め才能や技芸を伸ばすために学問を修めなければならない。この学問を学ぶためにあるのが学校であり，学校で勉励してこそ，人ははじめて立身治産が叶うのであると説明している。

　そして，学ぶ内容については「日用常行言語書算」のような日常生活に必要な基礎学力の習得に始まり「仕官農商百工技芸及び法律政治天文医療」など，近代科学を中心に学ぶことによって，人々の生活は豊かになり，資産をつくり，事業を盛んにすることができるのだと続けている。学制では学問を実利主義的な学問として捉え，「学問は立身のための財本」であり「人は誰もが皆，学ばなければならない」ということが強調されている。

　同時に，路頭に迷い，飢餓に陥り，家を破産させ，わが身を滅ぼすような人

たちは，実利主義的な学問を学ばなかったことに原因があるとも述べている。

　一方で，明治以前にも学校が設けられていたが，日常生活に必要な「読・書・算」を除いて，そこで学ぶ学問は儒学を中心とする「四書五経」の思弁的な知識であり，学制の示す実利主義的な学問ではなかったことから，学問は武士階級以上の人に必要なものと考えられていた。農業・工業・商業に従事する人，女性や子どもは，学問を自分たちとは無縁のものと思っていたのであり，つまり，学問とはどのようなものであるかが分かっていなかったからであると論じている。

　また，武士階級以上の支配層は「学問とは国家のために為すべき」ものだと考えており，学問の本質を理解せずにいた。それ故に学問の名のもとに，文章を暗記するなど瑣末なことに走ったり，空理（＝実際とかけ離れた理論）や虚談（＝事実に基づかない話）に陥っていったのである。支配層の学んでいた学問は高尚であるかのように見えるが，実際に自分自身が行い，実施してみることができないものが少なくない。これはつまり「学問は立身のための財本」とは理解されておらず，長い間従ってきた昔からの悪い習わしの学問観が続いていたため，文明が行き渡らず，才能と技芸が伸びず，そこで貧乏な者や破産する者，家を失う者も多かったのであるとも述べている。前代までの教育を否定したうえで「人たるものは学問を修めなければならないし，学ぶためには，当然その趣旨を誤ってはならない」と記し，「このたび文部省で学制を定め，順を追って教則を改正し布告」していくと宣言しているのである。

　そして，「被仰出書」の中で最も知られている「今から以後，一般の人民（華族・士族・卒族・農民・職人・商人及び女性や子ども）は，『必ず邑に不学の戸なく（村に学ばない家が一軒もなく），家に不学の人なからしめん（家には学ばない人が一人もいない）』ようにしようとするのである」という「国民皆学」が謳われた記述が続き，最後に，学齢期の子女をもつ父兄は何はおいても必ずその子どもたちを小学校に入学させるよう心掛けなければならないと述べたのである。

　「被仰出書」は近代日本が掲げた最初の教育理念であり，教育の目的を「個人の立身治産」と定義した。教育や学問は江戸時代までのような一部の人が国

31

家のために行い存在するものではなく，あくまでも個人的営為に関わって存在するものであると説明している。そして，学問は「立身のための財本」であり，教育は個人の立身治産がその目的だと宣言しているのである。ここには教育における四民平等と個人主義・実利主義的な学問によって日本国民を創出するという理念が表れている。

　ところで，「被仰出書」が書かれた時代背景には，明治新政府や当時の識者たちが強大な欧米先進国の優位性を「文明」に見いだし，西洋文明の導入を急ぎ，西洋近代の個人主義的・実利主義的な教育観や学問観を何より優先すべきと考えていたことがある。たとえば，文明開化論の代表的な啓蒙思想家である福沢諭吉の『学問のすゝめ』を読むと「一身独立して一国独立す」の言葉が記されており，学問の目的は第一に「一身の独立」にあり，「個人の自立」があっての「国家」であることが論じられている。そして，同書には「広くこの人間世界を見渡すに，かしこき人ありおろかなる人あり，貧しきもあり富めるもあり，貴人もあり下人もありて，その有様雲泥との相違あるに似たるはなんぞや，その次第はなはだ明らかなり。『実語教』に人学ばざれば智なし，智なき者は愚人なりとあり。されば賢人と愚人との別は学ぶと学ばざるとによりてできるものなり」と述べており，「被仰出書」の思想と同一であることが分かる。

（3）教育課程表「小学教則」の作成

　「被仰出書」によって教育目的を示した上で，文部省は学制発布の翌月には「小学教則」を頒布し，小学校における教科課程および教授方法の基本方針を明らかにした。

　欧米の教育課程を模範として編成された日本で最初の教育課程である「小学教則概表」1872（明治5年）[3]版を確認すると，庶民が日常生活に必要な知識・技術を学ぶ寺子屋の「読・書・算」の三教科編成とは全く異なる多数の新教科，特に近代自然科学の科目が掲げられており，当然ながら四書五経を中心とする藩校などの教科編成とも異なる新しいものであったことが分かる。

　「小学教則概表」から具体的な教科を確認すると「国語科」に相当する科目が「綴字・習字・単語・会話・読本・書牘・文法」の7科目に分類されている。

下等小学では加えて「修身」「算術」「養生法」「地学大意」「究理学大意」「体術」「唱歌」の 7 教科が示されている。上等小学では下等小学の教科に「史学大意」「幾何学大意」「幾何学罫画大意」「博物学大意」「化学大意」「外国語一・二」「記簿法」「画学」「天球学」の 9 教科が加えられている。

　教科書は明治維新後出版された欧米文化を紹介した啓蒙書や翻訳書が中心となっており「文明開化」の教育内容を授けようとしていたことを示している。

　「小学教則」では，西洋をモデルに日曜日を休業日として，1 日 5 時間，1 週 6 日で30時間で，下等小学 4 年（6 歳から 9 歳）・上等小学 4 年（10歳から13歳）の課程に基づき，上記の小学校教科を配当したのである。

　しかし，欧米の教育課程をモデルとして編成された教育課程は当時の実情に即して実施するには無理があることが分かってくると東京に文部省直轄の師範学校を創設し，新しい小学教則の編成を行わせることとなった。当時の師範学校には，諸学校から実際教育に経験のある教師を集め，アメリカ人スコットの指導のもとに小学校教育の近代的方法について熱心に研究していた。

　師範学校でも文部省の小学教則とは別に独自に，「下等小学教則」と「上等小学教則」を1873（明治 6 ）年に作成した。師範学校版によると下等小学の教科は「読物・算術・習字・書取・作文・問答・復読・体操」の 8 教科であるが，その中心の教科は「読物・算術・習字・問答」であり，先に挙げた学制制定の折に作られた文部省の小学教則とは教科の種類もその内容も全く異なったものであった。この師範学校で制定した教育課程の編成において注目すべきことは，寺子屋において指導されていた「読・書・算」の三教科構成の伝統を重んじつつ，新しく展開されるべき近代的教育課程への橋渡しをなす教科の編成をしたことにある。従来の「読・書・算」の三教科を「読物・算術・習字・書取・作文」に合致するよう構成し，新たに作られた教科『問答』が近代教科の一部を構成すべき内容教科を総括したものとなっており，理科・地理・歴史・修身などについて，「掛け図」や教科書にある事物の名称や事柄などを教師と児童による問答形式で進めていく授業が展開された。その後，「問答」は近代的な内容教科としてそれぞれ分化し独立の教科となるのである。師範学校作成の「下等小学校教則[4]」には教科名とと級（八から一）の表に使用される教科書（師範

学校編集の教科書）が示されている。

2 「教育令」・「学校令」期の教育の目的と教育課程

（1）「教育令（自由教育令）」の公布

　「学制」においては，学校建設の費用は各校区の負担で，入学者には授業料を徴収したために，民衆からは不満が続出した。地租改正，徴兵令などの改革が続き，明治政府の政策への不満が出ていたが，働き手でもあった子どもを学校へ行かせ，しかも授業料まで支払うという制度改革に国民の大多数であった農民からの不満はおさえられないものになっていった。この時期の就学率は30％程度にとどまり，学制反対一揆や学校焼き討ち事件まで起きる事態となった。時代や地域の実情を考慮せず実施したことによる課題の噴出から新しい教育制度が求められ，1879（明治12）年に学制を廃し「教育令」を公布することとなった。

　学制に変わる新たな教育令は，岩倉遣欧使節団の随員で欧米の教育を学んだ田中不二麻呂と政府が招請したアメリカ人教育学者のダビット・モルレーが起草の中心であった。アメリカ合衆国の教育制度および各州の教育を調査研究し，学制の画一主義を改め，学区制を廃止し，各地域の町村が学校運営の主体となり，学校の設置・廃止，教則の規定を行えるようになるなど地方分権の色彩の強い，自由主義的な教育をめざしたのである。国家統制色は弱く，修業年限も地域の実情に合わせ学齢は6歳から14歳としているが，うち最低16ヶ月の普通教育を受ければ良いとしているなど，地方の実情や自主性に合わせた規定となっていることから，この教育令は後の時代に「自由教育令」と呼ばれるようになった。

　「教育令」の内容を確認すると，小学校・中学校・大学校・師範学校・専門学校のほかに，新しく農学校・商業学校・職工学校が加えられている。そして，各学校の設置目的について，小学校は「普通ノ教育ヲ児童ニ授クル所」，中学校は「高等ナル普通学科」，大学校は「法学理学医学文学等ノ専門諸科」，専門学校は「専門一科ノ学術」を授ける所，師範学校は「教員ヲ養成スル所」と定

め，新しく追加された農学校は「農耕ノ学業」，商業学校は「商売ノ学業」，職工学校は「百工ノ職芸」を授ける所とそれぞれの学校について規定している。

　また，教育令が示した47条の規定の多くは小学校に関するものであった。これは当時の日本におおける教育の実情が，中等学校以上の教育制度にまでまだ目を向ける余裕がなかったことでもある。

　なお，この教育令では小学校での学科を次のように定めている。

一　「読書・習字・算術・地理・歴史・修身等ノ初歩」
二　それぞれの土地の状況に応じて「罫画・唱歌・体操」「物理・生理・博物等ノ大意」を加えることができる。
三　「殊ニ女子ノ為ニ裁縫等ノ科ヲ設クヘシ」

（2）「改正教育令」と教育の目的

　自由教育令は1年で改訂されてしまう。翌年の1880（明治13）年には「改正教育令」が出され，義務教育を4年と定めた国家の管理統制の強い中央集権の色彩の強い内容に大きく軌道修正された。この時に出された「小学校教則綱領」では，教育令においては最下位であった「修身」が筆頭科目に掲げられている。こうした方針転換が行われたのは明治初期の教育が欧米の進んだ制度・文化のもとに行われていた反動からである。儒学者たちの復職・復権を求める動きと重なり合って，儒教道徳を教育の中心におくべきだとする声が強くなったのであった。その中心には儒教主義的皇国史観思想に基づき修身を重視することを求めた元田永孚がおり，1879（明治12）年には元田が起草した「教学聖旨[5]」が出された。

　この教学聖旨は教育の目的を「教学の要は仁義忠孝を明らかにして知識や才芸を究め，人の人たる道を完うする」ことと主張している。さらに「近時は知識才芸ばかりを尚んで，品行を破ったり風俗を傷つけたりするなど物の本末を誤っている者が少なくない」と続き，「仁義忠孝の道をあとまわしにするようでは，やがては君臣父子の大義をわきまえなくなるのではないかと将来が危うく思われる。これはわが国の教学の本意ではない。それゆえ今後は祖宗の

訓典によって仁義忠孝の道を明らかにし，道徳の方面では孔子を範として人々はまず誠実品行を尚ぶよう心掛け」，そうした上で「各々の才器に従って各学科を究め，道徳と才芸という本と末とを共に備えるように」することが教育の目的であると説明している。

　小学校での教育内容や方法について「仁義忠孝の心は人はみな持っているものであるが，幼少のうちからつちかい育てなくては他の物事ばかりが耳にはいってしまって，それからあとではいかんともすることができない。それゆえ，小学校ではおのおのの所持している絵画によって，古今の忠臣・義士・孝子・節婦の画像や写真を掲げて，幼年の生徒が入校した際にまずこの画像を示して，その行為や事件のあらましを説明し，忠孝の大義を第一に感覚させることがたいせつであって，こうしたならば忠孝の徳性を養成して物の本末を誤ることはないであろう」と述べている。知識才芸よりも先に仁義忠孝に基づく，いわば儒教的な道徳教育こそがわが国教学の要として確立されるべきことが強調されたのである。この徳育に関する政策は，明治初年以来官民あげて文明開化に狂奔していた，いわゆる欧化時代に対して，その転換を意味する注目すべき政策であった。

　なお，「教学聖旨」を理念とする教育には「徳育論争」と呼ばれる論争が起こる。伊藤博文の儒教教育への回帰への反発や福沢諭吉・西村茂樹・森有礼など啓蒙思想識者からの反論もあった。しかし，1881（明治14）年には「小学校教則綱領」において「修身科」の首位教科の位置づけがなされ，さらに1890（明治23）年の「教育勅語」が出されると，1945（昭和20）年の日本の敗戦までの小学校教育は，儒教主義的な皇国史観教育がなされていくことになる。

（2）「学校令」制定と教育の目的

　1885（明治18）年，内閣制度が制定され，伊藤博文を初代総理大臣とする伊藤内閣が誕生し，この内閣の文部大臣となった森有礼を中心に学校制度の改革が行われた。1886（明治19）年に「帝国大学令」「師範学校令」「中学校令」「小学校令」からなる，それぞれに独立した「学校令」を制定し，学校の性格を規定するとともに教育の目的も改められることになる。

　森の教育に対する考え方は，教育は国家の発展・繁栄のためになすものであり，その人材を育成することにあると考えていた。このことは，井上毅が森文相の教育の主義は「国体教育主義」であったと述べていることや，1889（明治22）年1月に森文相が直轄学校長に説示した要領の一節に「諸学校を維持するも畢竟国家の為なり」，「学政上に於ては生徒其人の為にするに非ずして国家の為にすることを始終記憶せざるべからず」などと述べていること，「帝国大学令」において，第一条で「帝国大学ハ国家ノ須要ニ応スル学術技芸ヲ教授シ及其蘊奥ヲ攷究スルヲ以テ目的トス」と規定し，大学令を帝国大学令と変え，目的を国家の必要な学術技芸を教授研究することと定めたことなどから伺うことができる。

　また，小学校の教育目的を明確化したのもこの時の改革で，「小学校令」の第一条において「小学校ハ児童身体ノ発達ニ留意シテ道徳教育及国民教育ノ基礎並其生活ニ必須ナル普通ノ知識技能ヲ授クルヲ以テ本旨トス」と定め，以降の国民学校令の制定に至るまでこの初等教育の目的は不変となった。

　学制公布時に「被仰出書」で主張された，教育は個人の立身治産がその目的であり，学問は「立身のための財本」でありるという教育観とは大きく隔たりをもつものとなっていったのである。

　なお，この小学校令において尋常小学校4年を義務制とすることを明確化し，保護者には就学児童を就学させる義務規定を設けた。日本における「義務教育制度」はこの小学校令をもって発足した。この時に定められた「小学校ノ学科及其程度」には，小学校学科課程の基準が示され「修身」を筆頭に「読書・作文・習字・算術・体操」の6教科が示されている。

　1900（明治33）年になると，義務教育（尋常小学校4年）の授業料が無償とされ，1907（明治40）年には義務教育が2年間延長され，尋常小学校が6年制，高等小学校は2年制となった。

3 「教育ニ関スル勅語（教育勅語)」発布以降の教育の目的と教育課程

（1）「教育勅語」の発布と教育の目的

　1889（明治22）年に『大日本帝国憲法』が発布され，近代憲法を持つ立憲君主国家体制の基礎が作られた。教育に関しても1890（明治23）年に「教育勅語」が明治天皇の言葉として発せられた。明治天皇の命を受け井上 毅と元田永孚が起案にあたり，「軍人勅諭」の発案者でもある山県有朋も総理大臣として参画した「教育勅語」は，これより国民道徳および国民教育の基本とされ，各学年の修身の教科書の最初のページに掲載された。また，翌年に制定された「小学校祝日大祭日儀式規程」によれば，紀元節・天長節などの祝日・大祭日には「儀式」を行い，その際には「教育勅語」を奉読し，また勅語に基づいて訓示をなすべきことを定めている。

　この後50年以上の間，学校の式典で奉読され，国家の精神的支柱として重大な役割を果たすこととなった「教育勅語」の全文を示したので，ここで発せられた言葉の意味を自ら調べ，世に出回っている訳に頼ることなく，時代背景も考慮に入れ，自分自身の言葉で訳してほしい。

「教育ニ関スル勅語」[6]

朕惟フニ　我カ皇祖皇宗國ヲ肇ムルコト　宏遠ニ德ヲ樹ツルコト深厚ナリ　我カ臣民克ク忠ニ克ク孝ニ億兆心ヲ一ニシテ　世世厥ノ美ヲ濟セルハ　此レ我カ國體ノ精華ニシテ教育ノ淵源　亦實ニ此ニ存ス
爾臣民　父母ニ孝ニ兄弟ニ友ニ夫婦相和シ朋友相信シ　恭儉己レヲ持シ　博愛衆ニ及ホシ　學ヲ修メ業ヲ習ヒ以テ智能ヲ啓發シ德器ヲ成就シ進テ公益ヲ廣メ世務ヲ開キ　常ニ國憲ヲ重シ國法ニ遵ヒ　一旦緩急アレハ義勇公ニ奉シ以テ天壤無窮ノ皇運ヲ扶翼スヘシ　是ノ如キハ獨リ朕カ忠良ノ臣民タルノミナラス　又以テ爾祖先ノ遺風ヲ顯彰スルニ足ラン
斯ノ道ハ實ニ我カ皇祖皇宗ノ遺訓ニシテ　子孫臣民ノ倶ニ遵守スヘキ所之ヲ古今ニ

通シテ謬ラス之ヲ中外ニ施シテ悖ラス　朕爾臣民ト倶ニ拳々服膺シテ咸其德ヲ一ニ
センコトヲ庶幾フ

明治二十三年十月三十日
御名御璽

＊原文は縦書きで「朕惟フニ…顯彰スルニ足ラン」の部分と「斯ノ道ハ…コトヲ庶幾
　フ」の部分の2段で記され，それぞれの文章には句読点がなく，すべてひとつなが
　りで書かれている。なお，日付と署名捺印は上記のように各1行でそれぞれ記され
　ている。ここでは文意を認識しやすいように著者が原文を3段に分け，文章間に1
　字分の空白を設けた。

　冒頭にある「朕惟フニ」については普通に訳すと「私が思うに」となるが，
「朕」という言葉を使えるのは戦前の日本において「天皇」しか存在しない。
「朕惟フニ」にはもっと強い意志が表れていると考えられる。ここでは「天皇
である私が考えていること」と訳し，その言葉は絶対であるというように解す
ることができる。
　そして，最初の段で「わが天皇家がこの国を創り，歴代の天皇が道徳の形成
に努めて，臣下である国民が皆心を一つにして忠孝に励んできたことが『国体
の精華』（国家形成の最も優れたところ）であり教育の根源」であると述べ，
日本は天皇と天皇家を中心とする国であること，それを支える臣下である国民
の忠孝こそを教育の目的とすることを明確化した。
　次いで「父母ニ孝」「兄弟ニ友」「夫婦相和」「學ヲ修メ業ヲ習ヒ」など「天
壤無窮ノ皇運ヲ扶翼（永遠に続く皇室の運命を助ける）」すべき臣民である国
民が体得すべき徳目が列挙されている。そして，最後にこのような国家観・国
民観こそが，時間と空間を超えて存在する絶対の真理であると宣言し，天皇と
臣民が一体となってその実現に邁進することを求めている。
　勅語では，教育の根本方針は「皇祖皇宗ノ遺訓」にあるとし，そこから徳目
を引き出し，国民はこの徳目を実践し，国家有事の際には一身を国にささげ，
天皇の治世がいつまでも盛んに続くよう助けるべきだと説いているのである。

そして，1891（明治24）年には教育勅語の解説書となる「勅語衍義[えんぎ7)]」が天皇制国家主義の哲学者井上哲次郎などにより作成され，師範学校・中学校等の修身教科書として使用された。教育勅語の趣旨の徹底を図るために，同年には「小学校教則大綱」が示され，その第二条で「修身ハ教育ニ関スル勅語ノ旨趣ニ基キ児童ノ良心ヲ啓培シテ其徳性ヲ涵養シ人道実践ノ方法ヲ授クルヲ以テ要旨トス」と定め，授けるべき徳目として「孝悌[てい]，友愛，仁慈，信実，礼敬，義勇，恭倹」等をあげ，特に「尊王愛国ノ志気」の涵養[かんよう]を求めている。第七条の「日本歴史」においても「本邦国体ノ大要」を授けて「国民タルノ志操」を養うことを要旨とし，修身との関連を重視している。教科の教授時数についても，修身は毎週1時間半であったものが，尋常小学校では3時間に増加している。

　尋常小学校の教育課程の構造としては，学校令までの1領域6教科「修身・読書・作文・習字・算術・体操」から，「祝日大祭日等における御真影最敬礼万歳・教育勅語奉読・教育勅語の話・唱歌合唱」の「儀式」が加わり2領域となった。これ以降，初等教育での教育課程の構造は6教科と4点儀式で構成される「2領域6教科4点儀式」となった。

（2）高等教育の充実と大正自由教育

　1894（明治27）〜95（明治28）年の日清戦争，1904（明治37）〜05（明治38）年の日露戦争を経て，「日本国民」としての意識が教育システムの確立と共に形成されていく。就学率が90％を超え，義務制，無償制，宗教からの中立性の3条件が成立し，日本の公教育制度が完成するのは20世紀初めのこの時期となる。近代の公教育制度は，欧米では約100年を要しているのに比べ，わが国の場合，わずか30年の間に公教育制度が成立している。

　1914（大正3）〜18（大正7）年の第一次世界大戦を迎える時期には，経済面・軍事面での国際的地位も上昇し，国内でも都市化が進展し，国民の生活水準も大幅に引き上げられた。そして，生活水準の上昇は，人々の教育や文化の欲求をうみ，都市を中心に中学校や高等女学校への進学者が増加し，高等教育を受けるものの数も増えた。社会の変化に対し，中等教育・高等教育機関を拡大・拡充するなど大規模な教育制度の再編が行われた。1918（大正7）年には

帝国大学以外にも公立大学，私立大学が認められた。

　19世紀末から20世紀初頭にかけて欧米の教育界で，教師中心主義の教育から「子ども中心主義」の教育，いわゆる「新教育」運動が盛んになる。日本では大正時代にその影響がおよび始めた。大正デモクラシーの風潮にあった世相が追い風となり，教育内容・方法が，あまりに一斉画一的で，教育実践が固定化していたとの認識にもとづき，子どもの興味・関心を中心に，より自由度の高い教育体験の創造を目指そうとする運動となって，「大正自由教育」と称される教育運動に発展した。この時期から取り組まれた主な教育方法として，アメリカのパーカストが開発した児童の興味や関心を重視した「自学自習」のドルトンプランや体験や経験を重視する生活綴方教育などがある。

　しかし，「大正自由教育」とよばれ子どもの自由や個性を認める教育とは言うものの教育勅語体制や臣民教育の枠内に限られ，新教育の実践は私立学校や一部の師範学校の附属小学校などに限られていた。

4　国民学校期の教育課程

（1）戦時下の教育

　大正期に大正デモクラシーとして展開した思想・文化の自由主義的，民主主義的傾向やマルクス主義の立場は，1931（昭和6）年の満州事変以後の軍国主義の進展のもとで，排斥と抑圧をこうむって退潮し，かわってナチスを理想とする全体主義や天皇中心の国家主義が台頭した。教育界においても，1937（昭和12）年に文部省は国体の尊厳を説く「国体の本義」を作成して全国の学校・官庁などに配布し，天皇制国家・皇国史観の普及徹底を図った。1938年には学徒勤労動員が始まり中学校，高等女学校の学生動員が工場等に動員された。さらに1941（昭和16）年には小学校令を改正し，「皇国の道に則って初等普通教育を施し，国民の基礎的錬成を行う」ことを目的とする「国民学校令[8]」が出された。さらに文部省は「臣民の道」を発行し，天皇と国家への忠誠を日常生活の中でも実践ことが求めた。これは教育勅語の忠君愛国精神を強くかつ詳細に具現化したものといえる。

（2）「国民学校令」の公布による皇国民の育成

　小学校から国民学校に変わり教科編成・教育方針は大きな改革がなされた。「国民学校令」の第一条は「国民学校ハ皇国ノ道ニ則リテ初等普通教育ヲ施シ国民ノ基礎的錬成ヲ為スヲ以テ目的トス」と書かれ，国民学校の教育目的が示された。ここに記された「皇国ノ道」とは，教育勅語に示された「国体の精華と臣民の守るべき道との全体」をさす言葉であり「皇運扶翼の道」と解され，国民学校では「教育の全般にわたって『皇国ノ道』を錬成」させることがめざされたのである。

　教科は従来の「修身・国語・国史・地理」を「国民科」，「算数・理科」を「理数科」，「体操・武道」を「体練科」，「音楽・習字・図画・工作・裁縫・家事」を「芸能科」・「実業科（高等科）」に再編し，その教育の方法として「主知的教授を排し，心身一体として教育し，教授・訓練・養護の分離を避け，国民としての統一的人格の育成を期すること」，「儀式・学校行事の教育的意義を重んじ，これを教科とあわせて一体とした。これにより，全校をあげて『国民錬成の道場』たらしめようとしたこと」，「学校と家庭および社会との連絡を緊密にし，児童の教育を全うしようとしたこと」が「国民学校令施行規則」[9]から確認できる。

　なお，当時の教育の場では「錬成」「道場」「型」「行」「団体訓練」というような言葉が盛んに用いられ，自由主義・個人主義という言葉は，非国民的用語として極端に排撃された。「国民錬成の道場」としての学校環境をつくるため，多くの学校では，体育館は武道場に改装され，各教室には神だなが設けられ，「青少年学徒に賜りたる勅語」や軍神の写真などが飾られた。

　そして，１年生から，朝の宮城遙拝，続いて団体行進・かけあし訓練がしいられ，「勝つまでは」ということが絶対の制約となり「必勝の信念」と「堅忍持久」の精神がたたきこまれたのである。

　この教育の基本方針は中等学校へも適用され，初等教育の学校と同様に教材は国定教科書の一種類に限られ，配属将校による軍事教練の強化や勤労作業をもってなす錬成など行われるようになった。

　高等教育機関についても皇国民育成の目標を織りこんだことは同様であるが，

理科系統の教育を急速に拡充して，戦時態勢に即応させようとした。そのため文科系統の専門学校を理科系統の学校に改造し，大学においても理科系統を拡充して，多数の学生をこの分野に進学させる方策が取られ，研究の機能も戦時下の体制をとり，戦争の目的にかなう研究へと動員されたのである。

　このような教育体制の中で1945（昭和20）年8月15日に「終戦の詔勅」を聞くことになる。

┌─**学習課題**─┐

（1）近代公教育の起点である「学制」期から戦前の「国民学校」期にかけて「教育目的」と「教育課程」における構造の変遷について論じなさい。

（2）教育課程における2領域「教科」「儀式」の中で「儀式」の果たした役割について考え，これからの学校における教科外活動のあるべき姿について論じなさい。

注

1）文部科学省HP『学制百年史　資料編』「三文部省局課変遷・学校系統等図表学校系統図　第1図明治6年」参照。

2）文部科学省HP『学制百年史　資料編』「教育法規等（一）総則　学制　明治五年八月三日文部省布達第十三・十四号（以下略）」参照。

3）文部科学省HP『学制百年史　資料編』「教育法規等（二）初等教育　小学教則概表明治五年十一月十日文部省不達番外」参照。

4）文部科学省HP『学制百年史』「三小学校教育の内容と方法　小学校教則の編成　表2下等小学校教則」参照。

5）文部科学省HP『学制百年史　資料編』「一　詔勅・勅語・教育法規等　詔勅・勅語　教学聖旨大旨明治十二年」参照。

6）教育勅語は，1948（昭和23）年6月19日，衆議院における「教育勅語等排除に関する決議」，参議院における「教育勅語等の失効確認に関する決議」によって，「排除」「失効確認」の宣言がなされた。衆議院決議は「思うにこれらの詔勅の根本理念が主権在君並びに神話的国家観に基いている事実は明らかに基本的人権を損い且つ国際信義に対して疑点を残すもとになる」としている。

　なお，これに先立ち，同年5月，参議院文教委員会において，当時参議院議員であった歴史学者の羽仁五郎は「教育勅語が如何に間違って有害であったかということは，道徳の問題を君主が命令したということにある（中略）専制君主の命令で国

民に強制したというところに間違いがある」と述べ，教育勅語が有する形式面の問題性を鋭く指摘した。

7）国立国会図書館デジタルコレクション

「勅語衍義，巻上」https://www.dl.ndl.go.jp/api/iiif/759403/manifest.json

「勅語衍義，巻下」https://www.dl.ndl.go.jp/api/iiif/759404/manifest.json

8）文部科学省HP『学制百年史　資料編』「教育法規等（二）初等教育　小学校令改正（抄）昭和十六年三月一日勅令第百四十号」参照。

9）文部科学省HP『学制百年史　資料編』「教育法規等（二）初等教育　小学校令施行規則改正（抄）昭和十六年三月十四日文部省令四号」参照。

参考文献

奥田真丈監修（1985）『教科教育百年史』建帛社.

奥田真丈監修（1985）『教科教育百年史　資料編』建帛社.

唐澤富太郎（2011）『図説　近代百年の教育』日本図書センター.

田中克佳編（1987）『教育史　古代から現代までの西洋と日本を概観』川島書店.

田中耕治編（2018）『よくわかる教育課程　第2版』ミネルヴァ書房.

田中耕治ほか（2018）『新しい時代の教育課程　第4版』有斐閣.

文部科学省HP　白書『学制百年史』

文部科学省HP　白書『学制百年史　資料編』

文部科学省HP　白書『学制百二十年史』

（児玉祥一）

第4章

教育課程についての考えを深めるために（3）
教育課程の変遷──**学習指導要領改訂を中心に**

　「教育課程」という用語は他の教職課程の授業名（たとえば，教育心理や教育史，教育方法など）と異なって，用語からその意味内容が直ちにはわからない，したがって馴染みのない用語であろう。教育現場や教員間でも普段はあまり口にしたり耳にしたりすることはない。ただ，「教育課程」という用語が教員間で盛んに使われる時期がある。それは，「学習指導要領」の改訂時期である。その改訂時期を迎えると，"我が校の次の教育課程をどうするか？"という会話が盛んに交わされ，校内に「教育課程委員会」や「カリキュラム委員会」などが作られて大いに議論が盛り上がるのである。

　すなわち，「教育課程」とは日本においては「学習指導要領」を指すことと同じであり，わが国の唯一のナショナル・カリキュラムとなっている。

　したがって，本章で扱う"教育課程の変遷"とはすなわち「学習指導要領」の改訂の変遷を見ていくことに他ならない。

1 学習指導要領改訂の見方・考え方

　まず，学習指導要領＝教育課程の見方・考え方について見ておきたい。

（1）編 成 原 理
　一般に，教育課程は次の2つの編成原理から成り立っている。

　① 人類が築いてきた文化遺産の中から，より普遍的でより本質的なものを選び出して次世代の若者たちに伝達する。

　② 社会的要請や子どもの興味・関心を重視して，教育内容を決定する。

　①は時代を超え，国家や民族を超えて通用する内容で，たとえば科学や優れた芸術がそれに当たる。これらの内容は，現代の学校教育では"教科"として

編成されることが多い。教科はそれぞれ親学問を持っており，学問の成果を学校教育に下ろしてきたものが教科といえよう。

ただし，この原理から選び出された教育内容は，体系的・系統的ではあるが概して抽象的，難解で，子どもにとっては受け身的な学習となりいきおい詰め込みになりがちという欠点をもっている。

それに対して，②は子どもにとって身近で親しみやすく，その時代の社会が要請している内容でもあるので社会生活に役立つという実用性のある教育内容となるため，子どもの積極性を引き出しやすいといえよう。

しかし一方では，客観性，系統性に乏しく基礎から積み上げる学習にはならず，子どもの経験を重視するため活動主義に陥りやすく，一般に"学力低下"を招きやすいと批判されることもある。

ただ，同じ教科，同じ単元の学習でも，①と②のどちらの観点に立つかによって内容編成が変わることもある。

たとえば，理科の気象の単元で高気圧や低気圧のメカニズムを扱えば①の観点となるし，天気図の書き方，読み方を扱えば②の観点となろう。後者，特に天気図の読み方はかつては生活に役立つ実用性があったが，気象衛星の発達や，気象予報士の解説やスマホで気象情報を手軽に入手できる現代では学ぶ価値のないものとなっている。すなわち，②の観点は時代が変われば変わっていくものである。

現代の学校教育の教育課程（カリキュラム）には，この2つの原理に基づいて編成された教育内容が混在しており，常にそのベストミックスが模索されている。

（2）スコープとシーケンス

①と②どちらの観点から教育内容を選び出すにせよ，その学習内容をどれほどのボリューム（内容量）でもって学校教育の中に取り込むかを決めなければならない。また，それが決まったとすれば，次に子どもたちのどの発達段階でどの内容を学ばせるかも決めなければならないことになる。

前者をスコープ（内容領域 scope）と呼び，後者をシーケンス（配列

seqence）と呼ぶ。この2つが決まってはじめて教育課程が出来上がるのである。

2　戦後の学習指導要領の変遷の概観

　図4-1は，戦後の学習指導要領の改訂の変遷を，日本社会の動き，世界（主にアメリカ合衆国）の動きとの関連性において見るためのものである。

　「学習指導要領」の欄を見ると，戦後の学習指導要領は現在（2021年）までに8回の改訂を経て計9回出されたことになる。ただし，1955（昭和30）年には社会科のみの改定がなされ，2003（平成15）年には第6次改定の補足改定がなされていることがわかる。

　教育は社会の動きと無縁ではなく，社会の中で生活し成長する子どもの実態にも大きく影響されるため，教育も変わっていかざるを得ない。また，日本の教育に直接・間接に影響を与えてきたアメリカ教育の動向も入れている。

　次節からの学習指導要領の変遷も，図4-1を参照しながら見ていくことになる。

3　経験主義・子ども中心主義の学習指導要領（1947年版，51年版）

　第二次世界大戦後，我が国の学校教育は，日本国憲法，教育基本法を頂点とする法体系の下で大きく形を変えた。教育内容についても，1947（昭和22）年度に当時の文部省から幼稚園を対象とした『保育要領〜幼児教育の手びき〜（試案）』と，小学校以上から中等教育段階までを対象とした『学習指導要領（試案）』が刊行され，その在り方が大きく変革された。

　その背景として，GHQ/CIE（総司令部民間情報教育局）の日本の民主化を推進する占領政策の下，アメリカ本国から派遣されたアメリカ教育使節団の報告書の影響が大きい。

　同報告書は，カリキュラムは知識だけではなく，学習者の活動も加えて構成されるもので，個々の生徒の学習体験や能力の相違が考慮されるべきであり，

	世界の動き	日本の動き		学習指導要領ほか
1945 (昭和20)年		敗戦 '46 **アメリカ教育使節団** '47 日本国憲法成立・**教育基本法**	民主化	修身・日本歴史・地理の授業停止 '47 **指導要領策定(小・中)** 社会科成立
	'48 ロイヤル演説　冷			
1950 (昭和25)年	'50 朝鮮戦争(～'53)　戦 　　　　　　　　↓ '57 スプートニク・ショック '58 米・国家防衛教育法	'51サンフランシスコ講和条約 　　　　　　　　(独立回復) **中央教育審議会発足** '56 国連加盟		'51 **第1次改訂** 　　経験主義 '55 社会科のみ改訂 '58 **小中・第2次改訂** '60 高　系統主義
1960 (昭和35)年	教育の現代化→	'60 所得倍増計画 **全国一斉学力調査** '64 東京オリンピック '69 大学紛争激化	高度経済成長	'61 小, '62 中, '63 高　実施 '68 **小・第3次改訂** '69 **中 '70 高**　現代化
1970 (昭和45)年	人間化カリキュラム→	'70 大阪万博		'71 小, '72 中, '73 高　実施 '77 **小中・第4次改訂** '78 高　人間化
1980 (昭和55)年	'83 米・「危機に立つ国家」 　　(学力向上政策へ) '89 ベルリンの壁崩壊	'80 神奈川金属バット殺人事件 **臨時教育審議会**('84～'87) '87 国鉄分割民営化	校内暴力　管理教育	'80 小, '81 中, '82 高　実施 '89 **小中高・第5次改訂** 　　新学力観　個性化
1990 (平成2)年	'90 東西ドイツ統一 '91 ソ連解体 　　　　　冷戦終結	'90 校門圧死事件 バブル経済崩壊 '93 非自民連立政権	いじめ　不登校	'92 小, '93 中, '94 高　実施 '98 **小中・第6次改訂** '99 高　「ゆとり教育」
2000 (平成12)年	'02 米・NCLB法 　　(学力格差の是正へ) '08 リーマン・ショック	**学力低下論争** '06 **新教育基本法** '07 全国学力テスト復活	家庭内暴力　自死	'02 小中 '03 高　実施 '03 補足改訂(発展的学習, 要領は最低基準) 臨教審路線からの転換 '08 **小中・第7次改訂** '09 高　生きる力
2010 (平成22)年		'11 東日本大震災 **この頃, AI革命** '16 熊本地震		'11 小, '12 中, '13 高　実施 '17 **小中高・第8次改訂** 　　資質・能力
2020 (令和2)年	'22 ロシアによるウクライナ 侵略戦争	'20 新型コロナウイルス・パンデミック 全国学校一斉臨時休業(3～5月) '21 東京オリンピック開催		'20 小, '21 中, '22 高　実施

図4-1　学習指導要領(小中高)と時代背景

(出所) 筆者作成。

生徒の経験を活用し独創力を発揮させなくてはならない，とする。さらに，良い教育課程とは，生徒の興味から出発してその興味を拡大充実させるものでなければならないとするなど，経験中心，子どもの興味・関心中心のカリキュラムを作成することを勧告したものであった。

　このようにアメリカ教育使節団報告書による教育内容・方法改革の勧告は，民主主義における教育の目的から導き出された具体的でかつ画期的なもので，この報告書は，戦後日本の教育改革を方向づける重要な文書となった

　1947（昭和22）年版学習指導要領の大きな特徴は，それが手引き（試案）として作成されたことである。すなわち，その序論では次のように述べられている。

> 　この書は，学習の指導について述べるのが目的であるが，これまでの教師用書のように，一つの動かすことのできない道をきめて，それを示そうとするような目的でつくられたものではない。新しく児童の要求と社会の要求とに応じて生まれた教科課程をどんなふうにして生かして行くかを教師自身が自分で研究して行く手びきとして書かれたものである。

　そして，続けて，教育の内容を中央が決めてそれを山の中の児童にも，都会の児童にも一律に当てはめていこうとするこれまでの教育は，教師に生きた指導をしようとする意欲を失わせてしまっていたと批判して，手引き（試案）とした理由を述べている。

　次に昭和22年版の内容の主な特徴としては，次の3点が挙げられる。

　① 修身・公民・地理・歴史を廃止し，新しく社会科が設けられたこと。
　② 家庭科が，新しい名まえとともに，内容を異にして加えられていること。
　③ 自由研究の時間が設けられたこと。

　①の社会科新設については，社会生活についての良識と性格を養うためには，それまでの修身・公民・地理・歴史などの教科の内容を融合して，一体として学ばれなくてはならない，すなわち子どもの生活の上での具体的な問題を取り上げ，その解決をめざして学習を展開させることではじめて成立する方法的な

広域総合教科として新設されたものであった。

　しかし，この社会科はアメリカの"Social Studies"をモデルにして導入されたため，日本の教師たちには馴染みがなく，当初は戸惑いも見られたといわれている。

　②の家庭科については，「家庭生活の重要さを認識するために，第五，六学年において男女共に家庭科を学ぶべきである。これは全生徒の必須科目である。中学校においては，家庭科は職業料の一つとして選択科目の一つになる。」とあるように小学校高学年の家庭科の男女共修がはじめて打ち出された。

　また，職業科が中学校ではじめて課せられることになったが，それは「中学校の生徒は義務教育の修了によって社会に出ていって，職業につくべき時を間近にひかえている」ことが理由として挙げられている。

　③の自由研究は，教科の学習を超えて子どもがその興味・関心に従って学習を発展・深化させる時間として設定されたものである。たとえば，鉛筆やペンで文字の書き方を習っている児童が毛筆に興味をもち，それを学びたいとなれば，そういう児童には教師が特に書道について指導する，と述べられている。

　その他に，学年の区別を超えたクラブ活動あるいは学級委員や当番としての仕事などをこの自由研究の時間に充てることも考えられるとしている。

　このように，子どもの活動の主体性や個性を重視した自由研究は，子ども中心主義，経験主義カリキュラムの面目躍如たるところがあるが，一方では子ども自身が自らの課題を見つけられず，見つけることができたとしても子どもの活動が多様で多岐にわたることから，教師の指導がそれに追いつくことができず負担が大きいという問題が生じた。そのことから，1951（昭和26）年の改訂では「自由研究」のうち教科の学習の発展形としての部分は廃止され，教科外の活動を中心とした内容が「特別教育活動」として再編された。

　昭和26年版は，22年版の不十分な点を補足・整備したものとなっているが，「特別教育活動」の設置に合わせて従来の「教科課程」を「教育課程」に改称している。ここに，教科と教科外に分ける「教育課程」が成立した。

　また，高等学校の学習指導要領がはじめて作成され，社会科の中の東洋史，西洋史が世界史に統合され，「一般社会」（中１～高１）が必修科目として新設

> **コラム1　無着成恭の実践**（『山びこ学校』）
>
> 　この時期の代表的な教育実践として，無着成恭編『山びこ学校』（1951年刊）が挙げらる。同書は，山形県の山元中学校に赴任した青年教師無着成恭の3年間にわたる教育実践に基づいて，子どもたちが作った学級文集・生活記録をまとめたものである。貧しい山村での生活と闘い，乗りこえていく力を，綴り方（作文）教育を通して育てていく実践として高く評価された。

された。

　その他には，中学校，高等学校の「体育」が「保健体育」とされた。身体活動と保健衛生の両面を含むことをいっそうはっきりさせるために教科の名まえが改められたのである。

　総じて，昭和22年，26年版学習指導要領が作成された時代背景には，GHQ（連合国軍最高司令官総司令部）による戦後民主化の推進があり，教育観・教育動向としてはジョン・デューイ（John Dewey）に代表されるアメリカの経験主義・子ども中心主義があった。

4　系統主義・学問中心主義の学習指導要領（1958年版，68年版）

　戦後，経験主義・子ども中心主義の教育観のもとに進められた教育は，各地で経験主義に基づくコア・カリキュラムの自主的な編成ブームを巻き起こしたが，一方では1950年代に入るとコア・カリキュラムは系統的学習を軽視する“はいまわる経験主義”であり，「学力低下」を招くものとして批判され，「学力」とは何かという学力論争にもなった。

　また，日本を取り巻く国内外の情勢も大きく変わっていった。

　朝鮮戦争以後，GHQの日本占領政策が転換し，民主化政策も後退した。1951年にはサンフランシスコ講和条約が締結されて日本は独立を回復させた。1956年には国際連合に加入して国際社会への復帰も果たした。

　このような状況の下，我が国の教育政策も転換し，1958年版では，2点において学習指導要領に大きな転換が生じることになった。

一つは，学習指導要領が文部省「告示」として官報に公示され，法的な拘束力をもつようになった点である。国家基準であることが強調され，「試案」「手引き」としての性格を失くしていった。

　もう一つは，学習内容の系統性を重視し，基礎学力の積み上げを図るものへと教育課程の性格が転換したことである。

　すでに1955（昭和30）年には社会科に限って学習指導要領が改訂され，中学校では地理的分野，歴史的分野，政治・経済・社会的分野の分野制に再編されて系統主義社会科へと転換し，戦後民主教育の象徴的な存在であった社会科の広領域教科としての性格を失っていった。そこには，独立を回復した国家として，国の歴史を系統的に教えたいという歴史教育にまつわる政治的な動きもあったといわれている。

　また，この改訂で特に問題となったのが「特設道徳」の新設である。

　わが国の戦後の道徳教育は，戦前の修身科を廃止し，新設された社会科を中心に，学校の教育活動全体を通じて行う「全面主義」として出発した．

　しかし，1958（昭和33）年，文部大臣の諮問を受けた教育課程審議会は，道徳教育の強化のため，「道徳の時間」を特設すべきであるという答申を提出した。

　この特設「道徳」は小学校，中学校において，教科，特別教育活動，学校行事と並ぶ一領域として正式に教育課程の中に位置づけられた。「道徳」の時間が特設されて以後は，「全面・特設主義」の方針に転換したともいうことができる。

　特設「道徳」については，日教組が戦前の修身の復活であるとして反対声明を出し，教師たちがストライキをして授業を放棄するなど非常に激しい反対があった。しかし，教師は戸惑いながらも，徐々に「道徳」の時間で様々な取り組みを試み，指導理論も盛んに世に出されるようになった

　その他の主な改訂は，

　　① 基礎学力の充実として，国語，算数の時間の増加を図ったこと。

　　② 科学技術教育の充実

　　③ 中学校の「職業・家庭科」を「技術・家庭科」に改称したこと

小学校・算数〜	中学校・理科〜
・九九の学習が小3→小2へ ・不等号，負の数，文字式の学習が，中→小へ ・集合・確率の考え方の学習が，高→小へ	・新たに分子・原子の概念の学習 ・科学の方法，科学の概念の学習 小学校・国語〜 ・6年間で教える漢字数が，881字→996字に

図4−2　1968年版学習指導要領の教科内容の主な再編

などが挙げられる。

　概して，知識中心の系統学習の教育観に基づいた教育課程と言えよう。

　次に，1968〜70年にかけて改訂された小・中・高の学習指導要領の特徴とその改訂の背景について見ておこう。

　1957年10月，ソ連による人類初の人工衛星「スプートニク1号」の打ち上げ成功の報により，アメリカ合衆国をはじめとする西側諸国の政府や社会は大きな衝撃（スプートニク・ショック）を受けた。それは単に宇宙開発競争にアメリカが後れをとったというだけではなく，ミサイル開発など軍事的にも劣勢に立たされたことを意味した。米ソ冷戦対立が深刻化する中で，国家の安全・国防に対する危機意識が一気に高まったのである。

　58年にアメリカでは国家防衛教育法が成立し，理数系の教科を中心にカリキュラムの改革を推進し，科学の基本的な概念や原理，学問の構造や成果を教科内容に積極的に取り入れた「教育内容の現代化」を推し進めていった。その背景には，アメリカの教育学者ブルーナー（J. S. Bruner）の理論がある。

　ブルーナーは，概念や原理などは果たして子どもに学習が可能かという疑念や批判に対して，教え方や学び方を工夫することによって可能だとして，「どの教科でも，知的性格をそのままに保って，発達のどの段階のどの子どもにも効果的に教えることができる」（ブルーナー『教育の過程』）と主張し，大きな反響を呼んだ。この「教育内容の現代化」は「学問中心カリキュラム」とも呼ばれ，1960年代に我が国を含め世界各国の教育課程に大きな影響を与えた。

　日本では，1968年版の学習指導要領にこの考え方が取り入れられ，理数系の教科を中心に教科内容の現代化が進められた（図4−2）。

　時あたかも日本は高度経済成長期に当たり，「科学技術の高度な発達」や「我が国の国際的地位の向上」に対応した教育課程が求められていたのである。

その他，この改訂の基本方針は，① 望ましい人間形成の上から調和と統一のある教育課程の編成，② 指導内容を基本的事項に精選，集約すること，③ 生徒の能力，適性等に応ずる教育の徹底，④ 授業時数の弾力的運用などであった。

　①については，1966年中教審答申に「別記」として，「期待される人間像」という文書が添えられたが，教育行政があるべき人間像にまで言及することへの批判が集まり，③については能力主義の名のもと一種のエリート主義をもたらすものという批判もあった。④については，それまで年間の授業時数は「最低授業時数」として示されていたが，何らかの理由でその授業時数を下回ってしまうことへの不安と緊張が学校現場を萎縮させるとの指摘があったため「最低授業時数」から「標準授業時数」へと改められ，弾力的運用が可能となった。実際，2020年の新型コロナウィルス蔓延による約2ヶ月にわたる臨時休校においても，「災害や流行性疾患による学級閉鎖等の不測の事態により，標準時数を下回っても，そのことのみをもって規則に反したとはみなさない」（「新型コロナウィルス感染症の影響を踏まえた学校教育活動等の実施における『学びの保障』の方向性等について（通知)」2020年5月15日）という標準時数の考え方が生かされた。

5　人間化・個性化志向の学習指導要領（1977年版，1989年版）

　教育内容の現代化は急速な科学技術の進展に対応しようとしたものであったが，一方では学習内容の高度化は授業について行けない児童・生徒を生み出すこととなった。当時，授業内容を理解できている児童・生徒は小学校で7割，中学校で5割，高校では3割であるとして七五三現象ともいわれた。また，授業の進行が速く「新幹線授業」とも揶揄され，"落ちこぼれ"という言葉もこの頃から盛んに使われ始めた。「過熱の一途をたどる昨今の"新幹線授業"，その中でついていけない児童生徒が続出する学校の異常な状況」（毎日新聞 1976年10月7日）と当時の新聞はその状況を伝えている。

　一方では，1955年には50％であった高校進学率が70年代に入って急上昇し，

70年に82％，75年には92％に達し，4人に1人という大学進学率もその後ジワジワと上昇し，受験競争の過熱化や高校教育の大衆化など学歴社会が広く深く進行していった。

　1977（昭和52）年の学習指導要領改訂では，このような弊害や実態を踏まえ，① 人間性豊かな児童・生徒を育てる，② ゆとりのあるしかも充実した学校生活が送れるようにする，③ 基礎的・基本的な内容を重視するとともに児童・生徒の個性や能力に応じた教育が行われるようにする，というねらいが掲げられた。

　このねらいのもと，各教科の標準授業時数を削減し，いわゆる「ゆとりの時間」が設けられた。たとえば，ある小学校では集会活動として，ゲーム，レクリェーション，子ども祭集会，学年集会・七夕会，音楽会，進級会など，運動活動として，ドッジボール大会・水泳大会・学年運動会・スポーツ大会など，また栽培活動，係活動，清掃などが「ゆとりの時間」に当てられている。

　1970年代にやはり同じく教育の現代化に行き詰まったアメリカ合衆国は選択制を大幅に取り入れた人間化カリキュラムと呼ばれる教育課程を進めたが，わが国の1977（昭和52）年の学習指導要領は同じ方向性をもったものといえよう。

　しかし，授業内容が難しくなる一方，激しい受験競争に巻き込まれるという子どものストレスや歪みは学習指導要領が改訂されてもなお容易に解消されず，1980（昭和55）年には大学浪人生の息子が金属バットで高学歴の両親を撲殺するという事件が引き起こされることになる。それほどまでに受験競争が子どもたちを追い詰めていたわけであるが，同じく1980年代に入ると中学校を中心に校内暴力が激しくなっていく。高校進学率が90％を超えて誰しもが高校進学をすることになると，逆にその進路選択において中学生が選別される中での劣等感やフラストレーションがその原因といわれた。

　マスコミの報道はもっぱら「校内暴力の責任は学校や教師にあるのだ」という一方的な論調が多かったが，学校や教師は校内暴力をなくすために家庭訪問や問題を起こす生徒に寄り添う指導（当時は"つく指導"と言われた），あるいは体罰や警察力の導入など硬軟織り交ぜた様々な方策を考え，生徒指導の在り方を懸命に模索した。

校内暴力は，統計的には1983年をピークに減っていったが，下火になるにつれ学校現場では「早期発見，早期指導」，「服装や頭髪の乱れは，心の乱れ」という言説が目立つようになってくる。いわゆる「管理教育」の台頭である。

　このように生徒指導が洗練化され，管理教育が進む中で，子どもたちの劣等感やフラストレーションは，自分自身や仲間内，家庭内に向けられていく。生徒指導問題は，校内暴力からいじめや不登校，家庭内暴力にシフトしていった。

　いっこうに収まる気配を見せない学校病理現象は，さらなる教育改革・ゆとり教育をすすめる要因となった。

　1984（昭和59）年，戦後政治の総決算を標榜した中曽根康弘内閣は，首相直属の臨時教育審議会（臨教審）を設置し，「個性重視の原則」を掲げて教育改革を推進した。臨教審の答申には「今次教育改革において最も重要なことは，これまでの我が国の根深い病弊である画一性，硬直性，閉鎖性を打破して，個人の尊厳，個性の尊重，自由・自律，自己責任の原則，すなわち〈個性重視の原則〉を確立することである。」とあり，これを受けて策定された1989（平成元）年版の学習指導要領の主な特徴は，以下のごとくであった。

　　① 中学校，高校での大幅な選択制の導入
　　② 小学校低学年での「生活科」の新設
　　③ 高校「家庭科」の男女共修
　　④ 高校「地理歴史科」，「公民科」の新設
　　⑤ 「新しい学力観」の導入

　①はまさに個性の尊重を体現したもので，たとえば従来必修であった高校理科の物理・化学・生物・地学を2科目のみの選択にしたり，地理歴史科では世界史を必修にして地理と日本史は選択制にするなど，生徒が自分の好みに合った科目を選択して学べるようにした。

　②の「生活科」は従来理科と社会科として学んでいたものを統合して，子どもの視線，立場から身の回りの事物を学べる教科とした。

　④は戦後民主主義教育を担ってきたといわれた社会科を解体して成立したもので，国鉄解体（分割民営化）と相まってまさに戦後政治の総決算の象徴となった。

> **コラム2**　「世界に一つだけの花」（作詞：槇原敬之）
>
> 　「個性重視の原則」をスローガンに掲げた当時の教育状況を巧みにすくい取って歌にしたのが，当時の人気グループSMAPが歌って大ヒットした「世界に一つだけの花」（2002年リリース）である。その歌詞を見てみると，
>
> 「僕らは世界に一つだけの花　一人一人違う種を持つ　その花を咲かせることだけに　一生懸命になればいい」
>
> 「NO.1にならなくてもいい，もともと特別なOnly one」
>
> 　作詞者が意識していたのかどうかわからないが，じつに巧みに時代の風潮，若者の意識を代弁した時代を象徴する作品であることには間違いない。

　この選択制の大幅導入（個性の尊重，自由・自律）については，教育はインフラかサービスかという議論にもなった。教育は誰に対しても同じ内容を一律に保障すべきであるという考え方と，個人のニーズに合ったものを提供すべきであるという考え方の対立である。

　⑤については，「自ら学ぶ意欲と社会の変化に主体的に対応できる能力」の育成をめざし思考力，判断力，表現力を重視したものであった。それは後に，① 関心・意欲・態度，② 思考・判断，③ 技能・表現，④ 知識・理解の4つの観点で子どもの学習を評価する観点別評価という考え方につながった。

6　「ゆとり教育」と学力低下論争（1998年版）

　1989年版学習指導要領が出された直後の1990（平成2）年に，兵庫県の高校で起こった校門圧死事件は，行き過ぎた管理教育として糾弾され，相変わらず生徒指導の困難さと学校現場の苦悩を浮き彫りにした。

　また，いじめ，不登校，自死，家庭内暴力などもますます深刻化し，明治以来の近代学校教育制度が今の子どもたちに合っていないどころか抑圧的になっているのではという学校制度自体を問う議論もなされた。

　一方，1995年にはマイクロソフト社からパーソナル・コンピュータのウィンドウズ95が発売されて，誰でもが手軽に様々な情報にアクセスできる本格的なネット社会に日本も突入し，生徒を取り巻く環境も一変した。

このような動きを受けて，学校教育を縛っていた様々な規制を緩和し，自由競争原理を導入することによって，制度疲労を起こしているといわれた近代学校教育制度を再び活性化させて子どもの変化に柔軟に対応できるようにするとともに，国際化・情報化の急速な進展にも教育が対応できる教育改革が求められた。

　ここに，「子どもに〈生きる力〉と〈ゆとり〉を」をスローガンとした本格的なゆとり教育を目指した1998年版学習指導要領が策定された。

　策定に当たって，教育課程審議会答申では，「これまで知識を一方的に教え込むことになりがちであった教育から，自ら学び自ら考える教育へと，その基調の転換を図り，子どもたちの個性を生かしながら，学び方や問題解決などの能力の育成を重視するとともに，実生活との関連を図った体験的な学習や問題解決的な学習にじっくりとゆとりをもって取り組むこと」を強調している。

　その主な内容は，

　　① 学校完全週五日制に伴う教育内容の厳選（いわゆる“3割削減”）

　　② 教育の多様化・個性化・選択制の拡大

　　③「総合的な学習の時間」の新設

　このように本格的なゆとり教育が始められようとしていた矢先，「学力の低下」を招くのではないかという強い批判や反対の声が数学者や教育学者から急激に高まり，いわゆる「ゆとり教育」推進派との間で激しい「学力低下論争」が巻き起こった。マスコミでは，小学校の算数では円周率を3.14ではなく3として計算させたり，台形の面積を出す公式は削除されたりしていることなどをセンセーショナルに取り上げ，「学力低下」を招くのではないかと盛んに批判的論調で報じた。また，連日テレビ，ラジオ，新聞，雑誌等で激論が交わされ教育界を超えた社会問題として世間の耳目を集め世論を刺激した。

　しかし，円周率にしても台形の面積の公式にしても，報道が意図的であったかどうかはともかく，そこには少なからず誤解があり，学習指導要領を正確に読めばその誤解は解けたはずであった。

　すなわち，「円周率としては3.14を用いるが，目的に応じて3を用いて処理できるよう配慮するものとする」（「学習指導要領　小学校算数」）や，台形の面積

は，「高さが同じ三角形を組み合わせるなど，工夫して面積を導き出そう」
（同上）指導することとなっている。"目的に応じて"とは，厳密に正確な数値
を出さなくて良い場合（たとえば，グランドでの白線引き）などはまず円周率
を3で概算してから，そのあと小数点の入った3.14で計算し直せば大きな計算
ミス（小数点の打ち間違いなど）をしなくて済むという意図が込められている。
台形の面積も単に公式を当てはめるのではなく，既習事項（三角形の面積計
算）を応用させることによって思考力を身に付けさせる意図があったのであっ
て，ただ単に学習内容から削除するというふうにはなっていないのである。

　しかし，そのような意図は世間一般の人たちには伝わらず，"教科書が薄く
なる"，"授業時間が少なくなる"など学力低下の不安ばかりが広まっていき，
そもそも"ゆとり教育"は子どもを追い詰める過度な受験競争を緩和し，いじ
めや不登校など学校病理を解決する方法として必要だとされたのではなかった
のか，というかつての世論は忘れ去られようとしていた。

　その結果，世論の動向に押された形で，文部科学省は学習指導要領実施年の
2002年に文部科学大臣の「学びのすすめ」アピールを出し，2003年には学習指
導要領の「一部改正等」を通知した。「一部改正」では，学習指導要領は最低
基準であって，「発展的な学習」として学習指導要領の内容を超えて指導する
ことができることが明示された。

　ともあれ，今回の改定の最大の特徴であった「総合的な学習の時間」は，そ
の主旨のまま実施されることとなったのはやはり画期的なことであった。

　その主旨は，

　　1　体験・経験と科学の橋渡し

　　2　課題の総合性

　　3　方法知の学習

　1は，学校で教えられる知識が日常の体験や経験とどのように結びつくか見
えないものとなっており，子どもが学習の意義を感じられなくなっているとい
う反省から出てきたものである。

　そもそも科学や学問は，日常生活の中での疑問や発想をもとに知識を体系
化・系統化していったものであり，その知識は宙に浮いたものでも，根無し草

的なものでもない。かつての子どもたちは学校で学ぶ知識を日常生活では得られない知識として目を輝かせて学んだが，一方ではその知識をどこか生活経験に結びつけて受け止めていたといえる。先述した無着成恭先生の『山びこ学校』の生徒たちは，生活と闘い，時にそれに押し潰されそうになりながら，一方では多くの直接体験をしながら，その体験をふまえ実に多くのことを学校の授業から学んでいたことがわかる。

　授業での学びを意義あるものにするために，かつては家庭や地域社会の中で培われていた生活経験や直接体験をあえて学校教育の中にプログラムとして組み込むこと，これが総合的な学習の時間の第一の目的である。

　2の「課題の総合性」については，学習指導要領は国際理解，情報，環境，福祉，生命・健康などを例示として挙げている。これらの課題は，人類が解決しなければならない課題であるが，まだその解決に必要な知識や方法が確定しておらず，構造化もされていない問題群である。したがって，学校教育においても従来の教科の枠組みでは適切に扱うことができないため，教科を超えて教科横断的・総合的に取り組む必要から，総合的な学習の時間が設けられた。

　3の方法知の学習とは，問題解決のために「参加と学習のスキル」を意識的に教育内容に取り入れていくという趣旨のもと，その方法知の例として，インタビュー，アンケート，フィールドワーク，ブレーンストーミング，KJ法，図書館・博物館の活用，インターネット検索，ロールプレイ，ディベートなどが考えられ，一時各学校ではディベートの授業が盛んになったこともあった。

　また，学校外の様々な人的・物的リソースにアプローチしたり（職場体験など），学校教育に取り込んだり（外部講師の招聘など）していく学びも盛んに行われるようになった。

　そこには，知識獲得の方法（いわば知的生産の技術）を学ぶことによって，子どもに知識の消費者ではなく，知識の生産者としての楽しさ，面白さを体験させるという趣旨がある。これについては，「子どもに魚を与えるのではなく，魚の釣り方を教える」という喩えがよく使われた。

7　「生きる力」から「資質・能力」へ（2008年版，2017年版）

　いわゆる“ゆとり教育”をめぐって起こった学力低下論争が明らかにしたこととは，結局本当に学力が低下したといえるかどうかを客観的に示すデータやエビデンスが当時の教育界にはなかったことである。すなわち，1960年代初頭に行われていた全国一斉学力調査が，その反対論によって60年代半ば以降には実施されなくなっていたため，依るべきデータがなかったのである。したがって，論争の当事者たちは各々自らの経験や個別的な資料・データに基づいて論争を行っていたことになり，その意味では不毛な論争であったといえなくもないが，この論争を経て全国的な学力調査の必要性が広く認知されることとなったのは皮肉な成果といえようか。

　その後，論争自体は当時の文部科学大臣が「学びのすすめ」を出して事実上の路線修正を行ったことで一応の終熄を見るに至った。

　一方，2003年には「国際学力調査（PISA）2003」の結果が公表され，日本の読解リテラシーの結果が2000年の522点から498点に下落，PISAショックと呼ばれたことも，日本の子どもたちの学力の実態を把握する必要性が認識されることにもなり，知識の活用力を問ういわゆるPISA型学力にも注目が集まった。

　その後復活した学力調査（「全国学力・学習状況調査」）は，知識力を問うA問題とその活用力を問うB問題に分かれ，同時に児童・生徒の学習・生活習慣のアンケートも含まれたものとなった。その後の教育改革は，これらデータの分析や問題点を踏まえながら進められたが，次のような課題が指摘された。

　① 思考力・判断力・表現力等を問う読解力や記述式問題，知識・技能を活用する問題に課題

　② 読解力で成績分布の分散が拡大，その背景には家庭での学習時間などの学習意欲，学習習慣・生活習慣に課題

　③ 自分への自信の欠如や自らの将来への不安，体力の低下などの課題

　平成20年版学習指導要領では，これらの課題を踏まえて次のような改定内容となった。

ア 言語活動の充実，イ 理数教育の充実，ウ 伝統や文化に関する教育の充
　実，エ 道徳教育の充実，オ 体験活動の充実，カ 外国語活動の新設（小学
　校）

　アの言語活動の充実は，課題の①に対応したもので，国語科だけではなく，
各教科等でレポート作成や論述を行うといった言語活動の指導が位置付けられ
た。カの外国語活動も，英語による幅広い言語に関する能力や国際感覚の基盤
を培うためという趣旨から言語活動の充実に資するものとなっている。また，
学校での始業前の「朝の読書」活動も盛んに行われるようになった。

　エやオは課題の②や③に対応したもので，学習意欲，学習習慣，生活習慣
などがいわば“見えない学力”として，教科の学習などの“見える学力”を支
えるものとして重視された。

　ウはエと共に，2006年に成立した改正教育基本法の下での最初の学習指導要
領として，その趣旨を受けたものであった。

　このような思考力・判断力，表現力を身につけさせるためには，子どもたち
がつまずきやすい内容の確実な習得を図るための繰り返し学習（学年間での反
復学習など）や，知識・技能を活用する学習（観察・実験やレポート作成，論
述など）を行う時間を充実する趣旨から，授業時間数が増加された。

　また，この学習指導要領の「改定の経緯」では，「21世紀は，新しい知識・
情報・技術が政治・経済・文化をはじめ社会のあらゆる領域での活動の基盤と
して飛躍的に重要性を増す，いわゆる『知識基盤社会』であると言われてい
る」とし，このような時代を担う子どもたちに必要な能力こそ「生きる力」で
あり，それは OECD が知識基盤社会に必要な能力として定義した「主要能力
（キーコンピテンシー）」を先取りした考え方であるとしている。

　コンピテンシーとは，20世紀末から21世紀初頭にかけて様々な機関・プログ
ラムが提唱し，後にいわゆる“新しい能力”といわれたものの一つで，従来の
“学力”では捉えられない人間の“資質・能力”を評価するための概念であっ
た（表4-1参照）。

　また，「生きる力」は，文部科学省がいわゆる“ゆとり教育”において提唱
した“新しい能力”を示す言葉の1つであったが，次の2008年版にもこの言葉

表4-1　「知識基盤社会」における"新しい能力"

「能力」の名称	提唱している機関・プログラム	提唱年
生きる力	文部科学省	1996～
リテラシー	OECD-PISA	2001～
人間力	内閣府	2003
キー・コンピテンシー	OECD-DeSeCo	2006
就職基礎能力	厚生労働省	2004
社会人基礎力	経済産業省	2006
学士力	文部科学省	2008
エンプロイヤビリティ（雇用されうる能力）	日本経営者団体連盟（日経連）	1999

は継承され，その後コンピテンシーという言葉が定着するに及んで，2017年の最新の学習指導要領はコンピテンシー（「資質・能力」）・ベースのカリキュラムといわれているように，ゆとり教育が掲げた「生きる力」という考え方はコンピテンシーという言葉で現在でも引き継がれているのである。

8　「災害の時代」と学習指導要領——「おわりに」に代えて

2017（平成29）年，小学校，中学校，高等学校の最新版の学習指導要領が同時に告示され，2020（令和2）年から2022（令和4）年にかけて順次実施に移されている。

ところで，直近2回の学習指導要領（2008年版，2017年版）は，各々その実施年であった2011年4月，2020年4月の直前になって，東日本大震災と新型コロナウィルスの蔓延に遭遇し，その出発に当たって大きな試練にさらされた。

教育は次代を担う子どもたちに人類普遍の価値と，その時代の社会的要請を伝えることによって，社会の維持発展を促す役割をもっている。

その社会が各種の災害によって傷んだ場合，その困難を乗りこえ社会を再建する役割の一端を教育もまた果たさなければならない時代に入ったことを自覚せざるを得ないのである。

それは地球規模の課題でもあり，「持続可能な開発のための教育（ESD）」も含め，不断のカリキュラム改革が求められているのである。

（1）祖父母，両親，先輩，友人，知人，後輩など，いろいろな世代の人に学校
（小学校・中学校・高校）で学んだ時期を聞き，その人が戦後のどの学習指導要
領で学んだことになるかを調べよう。

　その上で，その人に該当する学習指導要領の特徴やその背景を説明し，学校時
代の授業の思い出や印象を聞き，学習指導要領との関連性を考えてみよう。

（2）自分が学んだときの出身校（小学校・中学校・高校）の教育課程（当時の学
校案内や生徒手帳に記されている）を調べ，それが戦後のどの学習指導要領に基
づいて作られたものかを調べよう。

　その上で，自分の出身学校の教育課程の特徴を，当該の学習指導要領の内容と
比較しながら考えてみよう。

引用・参考文献

市川伸一（2002）『学力低下論争』ちくま新書.

国立教育政策研究所編（2016）『資質・能力　理論編』東洋館出版社.

国立教育政策研究所（2019改訂）「教育研究情報データベース　学習指導要領の一覧」
（https://erid.nier.go.jp/guideline.html）.

土持ゲーリー法一（1984）「『第一次米国教育使節団報告書』の作成経緯について――
占領期におけるアメリカの対日教育政策の研究（その二）」『日本比較教育学会紀
要』1984巻10号：29-34.

豊泉清浩（2016）「道徳教育の歴史的考察（2）――『道徳の時間』の特設から『特
別の教科道徳』の成立へ」『文教大学教育学部紀要』第50集：243-254.

奈須正裕編著『ポスト・コロナショックの授業づくり』東洋館出版社.

J・S・ブルーナー，鈴木祥蔵・佐藤三郎訳（1986）『教育の過程』岩波書店.

松下佳代編著（2010）『〈新しい能力〉は教育を変えるか――学力・リテラシー・コン
ピテンシー――』ミネルヴァ書房.

室井誠一（1984）「校内暴力に関する最近の調査・研究」『特殊教育学研究』第22巻第
1号：34-37.

（奥山研司）

日本音楽著作権協会（出）許諾第2300334-301号

第5章

教育課程についての考えを深めるために（4）
新しい教育課程──幼稚園と小学校

　本章前半では，まず本邦の幼稚園における教育課程の変遷を概観する。
そして遊びを中心とした生活を通して幼児の育ちを援助助長する幼稚園
教育の特色・特性をふまえながら，新しい幼稚園教育要領におけるカリ
キュラム・マネジメントのあり方を説明する。加えて，昨今小学校との
滑らかな接続に向けて策定が進んでいる，先進的な自治体におけるアプ
ローチ・カリキュラムについても紹介していく。

　小学校の教育課程について考察するために，後半では，小学校の教科
書の内容構成について概観する。小学校では，国語，算数，理科，社会，
総合的な学習の時間など，いくつかの科目で授業が行われている。そこ
で，小学校における「社会科」や「総合的な学習の時間」などでは，各
学年でどのようなことを学ぶのかを考察するために，それぞれの学習指
導要領における目標や，学習内容について整理する。

　また，小学校では，主体的に学習を行うために，社会参画を目指した
取り組みが目指されており，社会科教育では，どのように社会と関わる
学習を行うことができるのかを検討する。具体的な学習活動を知るため
に，兵庫県西宮市における地域と連携した教育活動を紹介することによ
り，社会参画を目指した小学校教育課程における具体的な学習内容を紹
介する。

1　我が国の幼稚園における教育課程の大まかな歴史

　我が国における幼稚園教育は1876（明治9）年，現在のお茶の水女子大学の
前身にあたる東京女子師範学校に附属幼稚園が設置されたことに始まる。当時
の幼稚園には，現在の小学校のような1週間単位の時間割があった。幼稚園開
園当初の幼稚園教育は，F・フレーベル（Friedrich W. A. Fröbel）が幼稚園創始
時に考案したといわれる「恩物（おんぶつ）」を主たる教材として，保育者の
指導のもと，クラスの園児全員が同じ遊びを実施する一斉教授的な「開誘（か

いゆう）」の方法によって行われており，どちらかといえば教科カリキュラムの色彩が強かった。

　明治後期になると，児童中心主義などアメリカ合衆国の幼稚園教育の理論や実践の影響を受け，教科のように内容を限定せず，テーマに基づいて多層的・多角的に指導を行う中心統合主義などの保育方法論が，広島県にあったミッション系の幼稚園において実践されるようになった。

　さらに大正時代には，自由教育運動の影響を受け細やかな区切りのある時間割がみられなくなったり，「随意」（子どもの意思決定による）の活動時間や活動内容が増加するなど自由保育が隆盛した。だが，これに批判的な教育者によってフレーベル主義の再評価がなされたり，プロジェクト法・誘導保育など児童の自発性に，計画性等を加味した教育方法論も開発されていった。

　第二次世界大戦後の1948（昭和23）年発行の『保育要領』では，見学・リズム・休息・自由遊び・音楽・お話・絵画・製作・自然観察・ごっこ遊び・劇遊び・人形芝居・健康保育・年中行事の12項目を保育内容として挙げ，幼児の経験を重視し，自由遊びを中心とした，全生活に関する計画的な指導が意図された。その後，1956（昭和31）年改定の『幼稚園教育要領』では，前述の12項目が単なる羅列であるとの批判を踏まえて，保育内容が健康・社会・自然・言語・音楽リズム・絵画製作の六領域に区分されるようになった。また1989（平成元）年からは今日まで続く健康・人間関係・環境・言葉・表現にまとめ直されて，遊びを中心とした子どもの主体的な活動を重視する，経験カリキュラムの色彩の強い教育課程が採り入れられている。

2　新しい幼稚園教育要領の特色とカリキュラム・マネジメント

　2008（平成20）年告示の『幼稚園教育要領』（以下では旧要領）では，「調和のとれた組織的，発展的な指導計画を作成」した上で，柔軟な指導を行うこととされており，すでに「指導の過程について反省や評価を適切に行い，常に指導計画の改善を図ること」との文言があった。さらに新しい2017（平成29）年度告示の『幼稚園教育要領』（以下では新要領）においては，第 1 章総則内に

「指導計画の作成と幼児理解に基づいた評価」という，評価を行うことについても，明示された節が設けられるようになった。

　新要領において幼稚園の教育課程は，各幼稚園において組織的かつ計画的に組み立てられ，変動する社会への対応や，園近隣の社会環境の有効活用などが考慮された「社会に開かれた教育課程」であることが新たに明示された。また，作成された教育課程については，ただ作成するのみならず，眼前の子どもの幼稚園生活の実態と照らし合わせながら，保育者らの子ども理解や保育実践を振り返り，組織的にブラッシュアップを重ねていくこと，いわゆる PDCA サイクル（後述）を採りいれた改善を重ねることが求められている。これはカリキュラム・マネジメントとも言い換えて表現され，新要領の総則においては「全体的な計画にも留意しながら，「幼児期の終わりまでに育って欲しい姿」を踏まえ，教育課程を編成すること，教育課程の実施状況を評価して，その改善を図っていくこと，教育課程の実施に必要な人的，物的な体制を確保するとともにその改善を図っていくことなどを通して，各教育課程に基づき組織的かつ計画的に各幼稚園の教育活動の質の向上を図っていくこと」とされている。

　つまり教育課程（カリキュラム）のマネジメントにおいては，1）全体的な計画に留意すること，2）幼児期の終わりまでに育って欲しい姿（いわゆる「10の姿」）も考慮すること，3）実施のための人的・物的環境を整えること，4）保育者個人個人で実践を省察するのみならず，職員全体で組織的にマネジメント・サイクルを回していくこと，が重視されることとなった。ただし，後でみるようにカリキュラム・マネジメントという表現は小・中・高の指導要領と同様であるが，「カリキュラム」あるいは「教育課程」という概念の捉え方について，幼稚園では小学校以上の教育段階と差異がある点に注意する必要がある。

3　幼稚園教育における教育課程（カリキュラム）の特性

　新しい教育要領に保育所保育指針や幼保連携型認定こども園教育・保育要領との共通項的内容として設けられることになった「幼児期の終わりまでに育っ

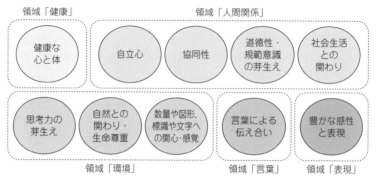

図5-1　「幼児期の終わりまでに育って欲しい姿」と5領域の対応関係図
（出所）筆者作成。

て欲しい姿」は，53項目ある5領域の内容から重要な観点・エッセンスが抽出
された10項目で構成されることから「10の姿」とも通称される（図5-1）。幼
稚園におけるカリキュラム・マネジメントにおいてはこれらの「姿」も考慮し
つつ教育課程を構成し，あるいは耐えず振り返りや改善を行っていくこととさ
れる。

　ただし，この「幼児期の終わりまでに育って欲しい姿」は幼児にとっての到
達基準となるものではなく，幼稚園での幼児らの成績の評価観点といった性質
も，もちろん有しない。この「幼児期の終わりまでに育って欲しい姿」は，各
幼稚園において編成された教育課程，ならびにそれに基づく保育者各自や園全
体での保育実践について，一人一人の興味関心や発達段階などに応じ，臨機応
変な保育を行いながらも，入園から卒園までの幼稚園生活全体として，小学校
入学までに体験することが望ましい体験をバランス良くとりこむことができた
かについて，保育者ならびに幼稚園組織の側が「自分は目の前の子どもの姿
（心情・意欲，心身の育ち，興味関心など）をよく捉えることができていたか」
や，「子どもの姿に対して，準備した保育環境（ヒト・モノ・コト）が適切で
あったか」などといったような観点から自らの省察を行うための基準であるこ
とに留意したい。

　また幼稚園における教育・保育方法は，小学校以上の教育段階とは異なり，
子どもが遊びを中心とした幼稚園生活を送る中で，主体的に周りの環境（ヒ

ト・モノ・コト）と関わりながら，知識や技能，心情・意欲・態度などを育てていくことを重要な原理としている。

　したがってカリキュラムの構成の方法も，教科書を主たる教材とせず，チャイムによって区切られた授業時間割があるわけではなく，また単元なども存在しない。幼稚園教諭は，「10の姿」を念頭に置いて2～3年の長期的な幼稚園生活を視野に入れつつ，保育者や園児，ならびに地域の人々などの人的環境（ヒト），教室や園庭の遊び道具の配置など物的環境（モノ），季節の行事，入卒園式などのソフト面の環境（コト）等を考慮しながら，総合的に構成していくこととなる。

　カリキュラムの語源は「（陸上競技で見られるような）競走路」を意味するラテン語が語源であるといわれている。幼稚園教育の場合は，主体性を発揮する園児が周囲の環境に働きかける中で興味のある方向に「あゆみ」を進め，その姿に応じて幼稚園教諭がたえず走路，すなわちカリキュラムを検討し，園環境を整えていく。たとえば，どんぐりや落ち葉を園児の手の届く場所に用意しておくことで「秋を感じる」という「自然との関わり・生命尊重」に関連する体験に幼児の活動を水路付けたり，また「豊かな感性と表現」も体験して欲しいのであれば折り紙でどんぐりを折ったり，葉脈アートをできる準備をしたりして，自らも人的環境として園児に関わりながら，園児の主体的でいてバランスのとれた活動を促していくのである。

　前述のように，幼稚園においても将来の社会変容を見据え，また社会変容に関わっていく観点から，「社会に開かれた教育課程」であることが求められるようになった。新要領の領域人間関係の内容では，子どもの内面での心情・意欲・態度の育ちについての内容1から始まって，園児同士など他者との関わりの中できまり・社会規範を学び，さらに地域の人々に親しむ内容13まで，同心円状に構成されている。園児の幼稚園生活は，家庭生活をはじめとした園外での生活と連続性をもっており，近隣社会・コミュニティと影響を与え合う関係であることはいうまでもない。散歩で出会った人に挨拶する，プロジェクト活動時に近隣の専門家を訪問する，あるいは高齢者を招いて伝承遊びを教えてもらったりするなど，園外の人的環境を採りいれた保育活動はこれまでも行われ

てきているが，今後もペアレント・インボルブメント（保護者の保育参加）を
含め，園周辺の人的環境を上手く活用していくことも，保育者のカリキュラ
ム・マネジメント能力の一内容として重要になってくる。

4 教育課程の作成と振り返り・省察を通した
カリキュラム・マネジメント

　新要領では，教育課程は絶えず実施状況の評価を組織的計画的に行って，環
境や活動を改善していくことが示されている。このように，絶えず振り返り・
省察を行ってフィードバックした結果から，次の実践・子ども理解等を改善し
て行く一連の流れはPDCAサイクルとも表現しうる。PDCAとはPlan（計
画），Do（実施・実践），Check（省察・確認），Action（改善のための行動）
の頭文字をとり，これらがサイクルすなわち循環的に行われることを示したモ
デルである。

　幼稚園教育の文脈においては，長期的には全体的な計画などが幼稚園ごとに
策定されることとなっている。また新要領では，各幼稚園単位でのカリキュラ
ム・マネジメントに言及がある。加えて，保育者各個人は，目の前の「いま・
ここ」にいる子どもの姿に応じた週案や日案を作成して，これを臨機応変に用
いながら保育実践をし，その実践中の子どもらの姿や実際の取り組みの内容か
ら自分の子ども理解ならびに計画の妥当性などを振り返り，日案レベルにおい
ては明日以降の，週案レベルにおいては来週の，そして年間指導計画レベルに
おいては翌年度の保育実践を子どもにとってより良いモノにしていこうという
営みを行っている。幼稚園レベルでのPDCAや各保育者のPDCAは輻輳的，
すなわちクルマの両輪のような関係で相互に影響を与え会いながら同時進行で
行われ，より良い子どもの経験に資する保育が目指されている。

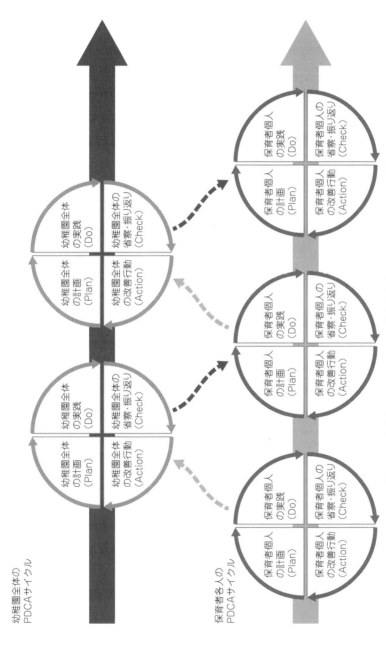

図5-2　園全体のPDCAサイクルと各保育者のPDCAサイクルの連関

（出所）筆者作成。

5 小学校就学に向けて滑らかな接続をめざす
「アプローチカリキュラム」

　これまでみてきたように幼稚園教育・保育は小学校以降の学校教育と，教育の方法論やカリキュラムの構成原理が異なる。その幼稚園と小学校との接続については，「小1プロブレム」「小1ギャップ」などと表現されるように，小学校における学校文化や授業形態になかなか慣れない児童のいる実態が問題視され，その一因として幼稚園をはじめとした就学前保育施設における「自由保育」が一因と指摘されてきたことがあった（西山 2002）。これ以降，単に園児と小学生，あるいは教員同士が交流するのみならず，お互いの計画や課程を接続する必要性が指摘されるようになった（横井 2007）。

　このようななか，幼稚園と小学校の「連携」，ならびに一段階進んだ「接続」は，今日的な課題の一つとなっている。新要領にも，幼稚園での教育が小学校以上の教育段階での生活や学習の基礎となることを踏まえて小学校の教諭との合同研究などを通じて円滑な意見交換を行うことで接続を図ることが明記されている。そして，横浜市の接続期カリキュラム，東京都品川区のジョイント期カリキュラムなど，小学校で3つの資質・能力を活用しうることを見据え，自治体独自のカリキュラムが策定されたり，また千葉市ではアプローチカリキュラム作成の手引きが作成されたりするなど，カリキュラム作成や実践のノウハウも各地で蓄積されつつある。

　アプローチの語義は「（目標・対象）に近づくこと，迫ること。接近すること」であり，たとえば，横浜市教育委員会の横浜版接続期カリキュラムにおいては，幼児期の終わりまでに育って欲しい姿をアプローチカリキュラムにおける育てたい幼児像と重なる姿と捉え，協働的な活動を通し，学びの芽生え，自立心や新しい生活を作っていく経験などをカリキュラムに盛り込むことによって，小学校でのスタートカリキュラムとの学びの連続性・一貫性が図られている。千葉県教育委員会も，幼稚園の経験カリキュラム的な色彩と，小学校の教科カリキュラムの色彩を対比した上で，幼児期の終わりにまでに育って欲しい

姿を中心に据えながら，幼児期の遊びを通じた経験が，小学校での学びを基礎づけ，小学校での学びで活用されうるものであると捉えている。

引用・参考文献

千葉市幼保小連携・接続検討会議（2018）『千葉市版アプローチカリキュラム 作成の手引き　第1版』URL：https://www.city.chiba.jp/kodomomirai/kodomomirai/shien/documents/sakuseinotebiki.pdf（情報閲覧日：2021年8月31日）

西山薫（2002）「『幼保小の連携』の方向性と今日的課題——連携の諸相と問題点を中心に」『清泉女学院短期大学研究紀要』21：105-119.

文部科学省（2008）『平成二十年告示　幼稚園教育要領』文部科学省.

文部科学省（2017）『平成二十九年告示　幼稚園教育要領』文部科学省.

文部省（1969）『幼稚園教育九十年史』ひかりのくに昭和出版.

師岡章（2016）『保育カリキュラム総論』同文書院.

横井紘子（2007）「幼小連携における「接続期」の創造と展開」『お茶の水女子大学子ども発達教育研究センター紀要』4：45-52.

横浜市こども青少年局保育・教育人材課幼保小連携担当（2018）『育ちと学びをつなぐ 横浜版接続期カリキュラム　平成29年度版』横浜市教育委員会.

（金子嘉秀）

6　小学校における学習指導要領の改訂

2017（平成29）年3月に新学習指導要領が告示された。今回の改訂は，2016（平成28）年12月の「幼稚園，小学校，高等学校及び特別支援学校の学習指導要領等の改善及び必要な方策等について（答申）」（以下「中教審答申」）を踏まえて行われた。中教審答申では，これまでの学習指導要領が目指してきた「生きる力」の育成を理念とし，育成を目指す資質・能力として，次の3点が示されている。

　　ア「何を理解しているか，何ができるか（生きて働く「知識・技能」の習得）」

　　イ「理解していること・できることをどう使うか（未知の状況にも対応できる「思考力・判断力・表現力等」の育成）」

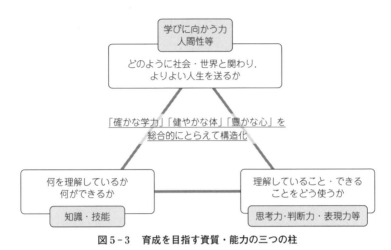

図 5 - 3　育成を目指す資質・能力の三つの柱

（出所）「中央教育審議会答申」補足資料。https://www.mext.go.jp/component/b_me
nu/shingi/toushin/__icsFiles/afieldfile/2017/01/20/1380902_4_1_1.pdf

　　ウ「どのように社会・世界と関わり，よりよい人生を送るか（学びを人生
　　　や社会に生かそうとする「学びに向かう力・人間性等」の涵養）」
　これを受けて，全ての教科等の目標及び内容を「知識及び技能」「思考力，
判断力，表現力等」「学びに向かう力，人間性等」の３つの柱で再整理して示
すこととしたのである。そして，これからの時代に求められる資質・能力を育
成するためには，学習の質を一層高める授業改善を推し進めることを，各学校
や先生方に求められる。「主体的・対話的で深い学び」の実現に向けて，「深い
学び」を可能とするために，「見方・考え方」を働かせることを提言している。
　「見方・考え方」とは，「どのような視点で物事を捉え，どのような考え方で
思考していくのか」といった，それぞれの教科での見方や考え方のことである。
小学校社会科における「見方・考え方」については，課題を追究したり解決し
たりする活動において，社会的事象等の意味や意義，特色や相互の関連を考察
したり，社会に見られる課題を把握して，その解決に向けて構想したりする際
の視点や方法であると考えられる。そこで，小学校社会科においては，「社会
的事象を，位置や空間的な広がり，時期や時間の経過，事象や人々の相互関係
などに着目して捉え，比較・分類したり総合したり，地域の人々や国民の生活

と関連付けたりすること」を「社会的事象の見方・考え方」として整理し，中学校社会科，高等学校地理歴史科，公民科においても，校種の段階や分野・科目の特質を踏まえた「見方・考え方」をそれぞれ整理した。その上で，「社会的な見方・考え方」をそれらの総称としている。

　小学校社会科における見方・考え方を「社会的事象の見方・考え方」とし，社会的事象の特色や意味などを考えたり，社会に見られる課題を把握して，その解決に向けて社会への関わり方を選択・判断したりする際の「視点や方法（考え方）」であり，「位置や空間的な広がり，時期や時間の経過，事象や人々の相互関係に着目して社会的事象を捉え，比較・分類したり総合したり，地域の人々や国民の生活と関連付けたりすること」と整理している（『小学校学習指導要領（平成29年告示）解説社会編』平成29年7月，10頁）。

　今回の学習指導要領の改訂では，教育基本法や学校教育法などを踏まえ，子供たちが未来社会を切り拓ひらくための資質・能力を一層確実に育成することを目指すことや，子どもたちに求められる資質・能力とは何かを社会と共有し，連携する「社会に開かれた教育課程」を重視することなどが，基本的なねらいとされている。

　小学校では，主体的に学習を行うために，社会参画をめざした取り組みが目指されており，「社会科」や「総合的な学習の時間」では，どのように社会と関わる学習を行うことができるのかを考察するために，それぞれの学習指導要領の目標と内容について検討する。

7　「社会科」と「総合的な学習の時間」の目標と内容

　小学校「社会科」の学習指導要領の目標は，以下のとおりである。

> 社会的な見方・考え方を働かせ，課題を追究したり解決したりする活動を通して，グローバル化する国際社会に主体的に生きる平和で民主的な国家及び社会の形成者に必要な公民としての資質・能力の基礎を次のとおり育成することを目指す。
> （1）地域や我が国の国土の地理的環境，現代社会の仕組みや働き，地域や我が国

の歴史や伝統と文化を通して社会生活について理解するとともに，様々な資料や調査活動を通して情報を適切に調べまとめる技能を身に付けるようにする。

（2）社会的事象の特色や相互の関連，意味を多角的に考えたり，社会に見られる課題を把握して，その解決に向けて社会への関わり方を選択・判断したりする力，考えたことや選択・判断したことを適切に表現する力を養う。

（3）社会的事象について，よりよい社会を考え主体的に問題解決しようとする態度を養うとともに，多角的な思考や理解を通して，地域社会に対する誇りと愛情，地域社会の一員としての自覚，我が国の国土と歴史に対する愛情，我が国の将来を担う国民としての自覚，世界の国々の人々と共に生きていくことの大切さについての自覚などを養う。

『小学校学習指導要領（平成29年告示）解説　社会編』, 17頁

　小学校社会科における「思考力，判断力」は，社会的事象の特色や相互の関連，意味を多角的に考える力，社会に見られる課題を把握して，その解決に向けて，学習したことを基に，社会への関わり方を選択・判断するために必要な力である。小学校学習指導要領解説社会編では，「社会に見られる課題」について，次のようにまとめられている。「例えば，地域社会における安全の確保や，良好な生活環境の維持，資源の有効利用，自然災害への対策，伝統や文化の保存・継承，国土の環境保全，産業の持続的な発展，国際平和の構築など現代社会に見られる課題を想定したものである。小学校においては，発達の段階を踏まえるとともに，学習内容との関連を重視し，学習展開の中で児童が出合う社会的事象を通して，課を把握できるようにすることが大切である。」

　小学生が学習展開の中で出会う社会的事象については，ある程度，教師や地域社会が準備し，子どもたちが出会うことができるように，事前準備を行う必要があろう。「社会参画」が必要であると言われている。そこで，小学校学習指導要領における「総合的な学習の時間」の目標から，「社会参画」につながる内容を検討する。

　小学校の「総合的な学習の時間」における学習指導要領の目標は，以下のとおりである。

第1　目標

　探究的な見方・考え方を働かせ，横断的・総合的な学習を行うことを通して，よりよく課題を解決し，自己の生き方を考えていくための資質・能力を次のとおり育成することを目指す。

（1）探究的な学習の過程において，課題の解決に必要な知識及び技能を身に付け，課題に関わる概念を形成し，探究的な学習のよさを理解するようにする。

（2）実社会や実生活の中から問いを見いだし，自分で課題を立て，情報を集め，整理・分析して，まとめ・表現することができるようにする。

（3）探究的な学習に主体的・協働的に取り組むとともに，互いのよさを生かしながら，積極的に社会に参画しようとする態度を養う。

　　　　　　『小学校学習指導要領（平成29年告示）解説　総合的な学習の時間編』

　　　　　　平成29年7月，10頁

　小学校の「総合的な学習の時間」における学習指導要領の目標は，総合的な学習の時間のねらいや育成をめざす資質・能力を明確にし，その特質とめざすところが何かを端的に示したものである。第1の目標では，（1），（2），（3）として示している，総合的な学習の時間を通して育成することをめざす資質・能力については，他教科等と同様に，（1）では総合的な学習の時間において育成を目指す「知識及び技能」，（2）では「思考力，判断力，表現力等」，（3）では「学びに向かう力，人間性等」を示している。

　この（3）では，「探究的な学習に主体的・協働的に取り組むとともに，互いのよさを生かしながら，積極的に社会に参画しようとする態度を養う」との表記で，「総合的な学習の時間」においても，社会参画を積極的に実施することが伺える。そのため，教科で横断的に学習する際，社会参画については，小学校の「社会科」と「総合的な学習の時間」の連携が相応しいことがうかがえる。

　『小学校学習指導要領（平成29年告示）解説総合的な学習の時間編』では，第4章「指導計画の作成と内容の取扱い」の1「指導計画作成上の配慮事項」として，次のようにまとめられている。

1　指導計画の作成に当たっては，次の事項に配慮するものとする。
（1）年間や，単元など内容や時間のまとまりを見通して，その中で育む資質・能
　　力の育成に向けて，児童の主体的・対話的で深い学びの実現を図るようにするこ
　　と。その際，児童や学校，地域の実態等に応じて，児童が探究的な見方・考え方
　　を働かせ，教科等の枠を超えた横断的・総合的な学習や児童の興味・関心等に基
　　づく学習を行うなど創意工夫を生かした教育活動の充実を図ること。

　地域の実態等に応じて，児童が探究的な見方・考え方を働かせ，教科等の枠
を超えた横断的・総合的な学習や児童の興味・関心等に基づく学習を行うには，
各教科等との関わりを意識しながら，学校の教育活動全体で資質・能力を育成
するカリキュラム・マネジメントを行うことが必要となろう。総合的な学習の
時間が，計画的に実施されるためには，地域や学校，児童の実態や特性を踏ま
え，各教科等を視野に入れた年間指導計画を作成することが必要となる。
　次節では，社会参画をめざした具体的な事例として，兵庫県西宮市における
地域と連携した教育活動について，紹介する。

8　社会参画を目指した地域と連携した教育活動

　兵庫県の西宮市では，「次世代を育む環境学習都市にしのみや」をキーワー
ドとして，環境学習都市宣言を行い，様々な地域で環境に関する取り組みが行
われている。筆者は，2019年より西宮市社会教育委員に委嘱され，社会教育と
も関わることとなった。西宮市では，教育委員会と学校そして家庭並びに地域
社会が一体となって，子どもたちの教育に取り組むことで，「夢はぐくむ教育
のまち西宮」を目標に教育の振興に取り組むことを目指している。
　西宮市における独自の取り組みとして，市民の環境意識を高めるために
『EWCエコカード』を作成していることを紹介したい。この取り組みは，小
学生が学校で環境について学習したり，地域の清掃活動などに参加したり，店
で環境に優しい商品を購入すると，教師や地域・店の人から「エコカード」に
「エコスタンプ」を押してもらえる取り組みが行われている。エコスタンプを

【どのような視点で街を歩くのか】

【実際の街歩きで気付いたこと】

【西宮市防災行政無線システム】

【海抜0.3m地点の表示】

【全景】

10個集めると,「アースレンジャー（地球を守る人）」に認定されるなど，地域と学校と行政が一体となって，環境に対する関心を高めるための工夫が行われている。また，西宮市は，2020年度から順次,「コミュニティ・スクール（学校運営協議会制度）」の導入を進めており，2023年度までに特別支援学校や高等学校を含むすべての市立学校への導入をめざしている。

　2021年11月28日に実施した,「西宮市の街歩き」では，西宮市社会教育委員として参加させて頂く機会があった。委員のメンバーであるエコクラブの方々や，市役所の方々が中心となって，企画や運営を行って頂いた。参加者は，子どもを含め，20名程度であった。西宮市の街歩きについて，どのようなポイントをみると良いのかについて説明を受け，自分たちで気づいた箇所を撮影し，振り返りの時間を設けて，各グループで気づいた点を発表した。写真は，当日の様子である。

　兵庫県西宮市は，阪神淡路大震災で大きな被害を被った地域であり，近くには，鳴尾浜や甲子園浜といった海が近くにある。また，街歩きを実施した鳴尾地域は，海抜0.2メートルであるため，西宮市の防災行政無線システムが設置されていた。子どもたちが，地域の大人と一緒に「街を歩く」といった体験を通して，自分たちの住む町の歴史や，防災学習の一環としても，学習効果は大いにあると言える。このような体験活動を伴う社会参画を通して，地域の実態等に応じて，児童が探究的な見方・考え方を働かせ，教科等の枠を超えた横断的・総合的な学習が可能となる。

　地域の教育力を高めるための社会参加学習に関する取組としては，これまでも，各地で様々な取り組みがなされている。「社会に開かれた教育課程」を実現し，活力ある未来を切り拓ひらく資質・能力をもった生徒を育成するために，学校内外において多様な他者と交流し，協働して活動できる機会と場を設け，豊かな人間性の育成を保障することが必要と言える。今後は，様々な地域で，子どもたちが学習できるように授業を開発することで，社会に主体的に参加し課題を解決するカリキュラムを構築することが課題である。

（本多千明）

学習課題

（1）近隣の自治体における「アプローチ・カリキュラム」の策定状況を調べてみ
　　よう。また，その内容を東京都品川区や神奈川県横浜市の接続期カリキュラムと
　　比較し，特色を確認しよう。
（2）自分が学んだ小学校の社会科では，各学年で，どのように社会と関わる学習
　　をを行うことができるのかを検討してみよう。

第6章

教育課程についての考えを深めるために（5）
　　新しい教育課程——中学校と高等学校

　　この章では，中学校と高等学校の教育課程について，2017年，2018年の学習指導要領改訂をふまえ，従前のものとどう違うのか，なぜ変更されたのか，また中学校と高等学校ではどこが違い，どう教育課程を編成・実施し，評価・改善する必要があるのかを考えてみたい。それらの考えを深めるための拠り所となるであろう基本的な枠組みや要点として，まず，中学校，高等学校の教育課程の位置づけに関わって教育課程編成の原則である教育課程編成の主体，法令等に従った教育課程編成，生徒や学校，地域の実態を考慮した教育課程編成を，次に，「答申」や総則をふまえて2017年版・2018年版学習指導要領の改訂のポイントを，そして改訂の基本方針の主な柱として，育成を目指す資質・能力と教科横断的な視点に立った資質・能力の育成，「主体的・対話的で深い学び」による授業改善とカリキュラム・マネジメントの充実についてみていく。

1　2017（平成29）年版中学校学習指導要領における教育課程

（1）中学校における教育課程の位置づけ：教育課程編成の原則

　中学校学習指導要領の第1章総則「第1　中学校教育の基本と教育課程の役割」の1において，次のように述べられている。

> 　1　各学校においては，教育基本法及び学校教育法その他の法令並びにこの章以下に示すところに従い，生徒の人間として調和のとれた育成を目指し，生徒の心身の発達の段階や特性及び学校や地域の実態を十分考慮して，適切な教育課程を編成するものとし，これらに掲げる目標を達成するよう教育を行うものとする。

　ここでは，教育課程編成の原則について，①教育課程編成の主体，②法令等に従った教育課程編成，③生徒や学校，地域の実態を考慮した教育課程編成の3つが示されている。これらに沿いながら，中学校における教育課程の位

置づけについてみてみよう。

① 教育課程編成の主体

　まず，教育課程の編成の主体はどこにあるか。それは，「各学校においては，……適切な教育課程を編成するものとし」と示されているように，教育課程編成の主体は学校である。学校において教育課程を編成するということは，その長たる校長が責任者となって編成するということになる。一般に，市町村が定める学校管理規則では，たとえば，「小学校及び中学校においては，学習指導要領及び教育委員会が別に定める基準により，校長が教育課程を編成するものとする」などと定められ，市町村立の中学校では，教育課程を編成し，各市町村教育委員会に届け出ることになっている。とはいえ，これは権限と責任の所在を示したもので，実際の教育課程の編成にあたっては，校長を中心に全教職員が共通理解を図りながら，それぞれの分担に応じて十分研究を重ねるとともに教育課程全体のバランスに配慮しながら，創意工夫を加えて学校として統一のある，特色をもった教育課程を編成することが求められる。

② 法令等に従った教育課程編成

　言うまでもなく，中学校は義務教育である。また，公教育という立場から，教育基本法及び学校教育法その他法令並びに学習指導要領の示すところに従うことが求められる。具体的には，学校教育法第21条において，義務教育の目標が10号にわたって規定されており，第45条において，中学校の目的は，「小学校における教育の基礎の上に，心身の発達に応じて，義務教育として行われる普通教育を施す」と定められている。そして第46条で，中学校教育の目標は，中学校の「目的を実現するため，第21条各号に掲げる目標を達成するよう行われるものとする」と定められている。さらに，第49条の規定により中学校に準用される第30条第2項で，中学校の教育は，「前項の場合においては，生涯にわたり学習する基盤が培われるよう，基礎的な知識及び技能を習得させるとともに，これらを活用して課題を解決するために必要な思考力，判断力，表現力その他の能力をはぐくみ，主体的に学習に取り組む態度を養うことに，特に意

表6-1　2017（平成29）年版中学校学習指導要領における授業時間数

区　分		第1学年	第2学年	第3学年
各教科の授業時数	国　　　語	140	140	105
	社　　　会	105	105	140
	数　　　学	140	105	140
	理　　　科	105	140	140
	音　　　楽	45	35	35
	美　　　術	45	35	35
	保 健 体 育	105	105	105
	技術・家庭	70	70	35
	外　国　語	140	140	140
特別の教科である道徳の授業時数		35	35	35
総合的な学習の時間の授業時数		50	70	70
特別活動の授業時数		35	35	35
総授業時数		1015	1015	1015

（出所）学校教育法施行規則別表第2。

を用いなければならない」と規定され，これを根拠に，育成を目指す資質・能力である3つの柱「知識及び技能」の習得，「思考力，判断力，表現力等」の育成，「学びに向かう力，人間性等」の涵養が整理，設定されている。

　以上のような中学校教育の目的，目標を達成するために，学校教育法施行規則第72条は，「中学校の教育課程は，国語，社会，数学，理科，音楽，美術，保健体育，技術・家庭及び外国語の各教科，特別の教科である道徳，総合的な学習の時間並びに特別活動によつて編成するもの」となっており，続く第73条の別表第2によって，各学年における各教科，道徳科，総合的な学習の時間及び特別活動のそれぞれの年間の標準授業時数並びに各学年における年間の標準総授業時数が定められている（表6-1）。さらに，中学校の教育課程については，教育課程の基準として文部科学大臣が別に公示する中学校学習指導要領によらなければならないこと（第74条）が定められている。

　このように，中学校において編成される教育課程については，公教育の立場から法令等による種々の定めがなされている。各学校においては，これらの法令等に従って教育課程を編成しなければならない。

③　生徒や学校，地域の実態を考慮した教育課程編成

　以上みてきたように，学校は，種々の法令等に従って教育課程を編成しなければならない。しかし，法令等にのみ従って教育課程は編成されるものではない。今回の学習指導要領では，総則の前に「前文」が新設された。その中で，学習指導要領は教育課程の基準であると同時に，その規定は大綱的なものであることが述べられている。このことを踏まえ，実際の各学校の教育課程の編成は，国として統一性を保つために必要な限度で定められた基準に従いながら，各学校の生徒や学校，地域の実態を考慮して，創意工夫を加え，学校の特色を生かした教育課程を編成することが大切になる。具体的には，「生徒の心身の発達の段階や特性」「学校の実態」「地域の実態」を的確に把握し，それらを，生徒の人間として調和のとれた育成を図るという観点から，学校の教育目標の設定，教育の内容等の組織，授業時数の配当などに十分反映させて，各学校が特色ある教育課程を編成することが必要となる。

（2）新しい教育課程編成・実施のポイント

　2017（平成29）年版学習指導要領は，中央教育審議会「幼稚園，小学校，中学校，高等学校及び特別支援学校の学習指導要領等の改善及び必要な方策等について（答申）」（平成28年12月21日）（以下「答申」）に基づいて改訂された。「答申」では，次の改善すべき事項6点を取り上げ（「答申」：21），各学校において教育課程を軸にカリキュラム・マネジメントの実現を目指すことなどが求められた。

　　①「何ができるようになるか」（育成を目指す資質・能力）
　　②「何を学ぶか」（教科等を学ぶ意義と，教科等間・学校段階間のつながりを踏まえた教育課程の編成）
　　③「どのように学ぶか」（各教科等の指導計画の作成と実施，学習・指導の改善・充実）
　　④「子供一人一人の発達をどのように支援するか」（子供の発達を踏まえた指導）
　　⑤「何が身に付いたか」（学習評価の充実）

⑥「実施するために何が必要か」(学習指導要領等の理念を実現するために必要な方策)

　これら改訂の趣旨が教育課程の編成や実施に生かされるよう総則も改訂された。中学校学習指導要領(平成29年告示)解説　総則編(以下,「解説」とする)には,その改訂の要点として,①資質・能力の育成を目指す「主体的・対話的で深い学び」の実現に向けた授業改善を進める,②カリキュラム・マネジメントの充実,③生徒の発達の支援,家庭や地域との連携・協働を重視する,が挙げられ,それぞれ具体的に次のように示されている(「解説」: 6 - 7)。

① 　資質・能力の育成を目指す「主体的・対話的で深い学び」
- 学校教育を通して育成を目指す資質・能力を「知識及び技能」,「思考力,判断力,表現力等」,「学びに向かう力,人間性等」に再整理し,それらがバランスよく育まれるよう改善した。
- 言語能力,情報活用能力,問題発見・解決能力等の学習の基盤となる資質・能力や,現代的な諸課題に対応して求められる資質・能力を教科等横断的な視点に基づき育成されるよう改善した。
- 資質・能力の育成を目指し,「主体的・対話的で深い学び」の実現に向けた授業改善が推進されるよう改善した。
- 言語活動や体験活動,ICT 等を活用した学習活動等を充実するよう改善した。

② 　カリキュラム・マネジメントの充実
- カリキュラム・マネジメントの実践により,校内研修の充実等が図られるよう,章立てを改善した。
- 生徒の実態等を踏まえて教育の内容や時間を配分し,授業改善や必要な人的・物的資源の確保などの創意工夫を行い,組織的・計画的な教育の質的向上を図るカリキュラム・マネジメントを推進するよう改善した。

③ 　生徒の発達の支援,家庭や地域との連携・協働
- 生徒一人一人の発達を支える視点から,学級経営や生徒指導,キャリア教育の充実について示した。
- 障害のある生徒や海外から帰国した生徒,日本語の習得に困難のある生徒,不登校の生徒,学齢を超過した者など,特別な配慮を必要とする生徒への指導と教育課程の関係について示した。

> ・教育課程外の学校教育活動である部活動について，教育課程との関連が図られるようにするとともに，持続可能な運営体制が整えられるようにすることを示した。
>
> ・教育課程の実施に当たり，家庭や地域と連携・協働していくことを示した。

　また，これらに基づいて，総則の章立ても大幅に変更され（表6-2），内容も加筆された。加筆された主なものとして，第1の3　育成を目指す資質・能力の明確化，第1の4　カリキュラム・マネジメントの充実，第2の1　各学校の教育目標と教育課程の編成，第2の2　教科横断的な視点に立った資質・能力の育成，第2の4　学校段階の接続，第3の1　主体的・対話的で深い学びの実現に向けた授業改善，第5の1　カリキュラム・マネジメントの実施と学校評価との関連付け，などが挙げられる。これら新たに加筆された部分が，まさに，新しい教育課程編成・実施のポイントとも言えるだろう。

表6-2　2008（平成20）年版と2017（平成29）年版学習指導要領総則等の章立て

2008（平成20）年版学習指導要領	2017（平成29）年版学習指導要領
第1章　総則 第1　教育課程編成の一般方針 第2　内容等の取扱いに関する共通的事項 第3　授業時数等の取扱い 第4　指導計画の作成等にあたって配慮すべき事項	前文 第1章　総則 第1　中学校教育の基本と教育課程の役割 第2　教育課程の編成 第3　教育課程の実施と学習評価 第4　生徒の発達の支援 第5　学校運営上の留意事項 第6　道徳教育に関する配慮事項

（出所）筆者作成。

（3）育成を目指す資質・能力と教科横断的な視点に立った資質・能力の育成

　総則で新たに加筆された内容のうち，ここでは，「育成を目指す資質・能力」と「教科横断的な視点に立った資質・能力の育成」について取り上げて述べていく。なお，その他の内容のうち，「主体的・対話的で深い学び」と「カリキュラム・マネジメント」については，後述する高等学校のところ（第2節（3））で取り上げることとする。

① 育成を目指す資質・能力

　2017（平成29）年版の学習指導要領は，従前の「何を学ぶか」というコンテンツ（学習内容）ではなく，「何ができるようになるか」という育成を目指すコンピテンシー（資質・能力）をベースに改訂された。それは，生徒一人一人が，変化の激しい社会，予測不可能な未来において，社会の変化に受け身で対応するのではなく，豊かな創造性を備え持続可能な社会の創り手となることを期待してのことである。その育成すべき資質・能力は，「知識及び技能」の習得，「思考力，判断力，表現力等」の育成，「学びに向かう力，人間性等」の涵養，の3つの柱とされ，各教科の目標や内容も，それら資質・能力の観点から再整理され，書き方も変更された。

　「知識及び技能」は，生徒が「何を理解しているか，何ができるか」に関わる資質・能力である。今回の改訂では，知識の理解の質を高めることが重視されており，「答申」においても，「個別の事実的な知識のみを指すものではなく，それらが相互に関連付けられ，さらに社会の中で生きて働く知識となるものを含むものである」と述べられている（「答申」：28-29）。技能においても同様に，「一定の手順や段階を追って身に付く個別の技能のみならず，獲得した個別の技能が自分の経験や他の技能と関連付けられ，変化する状況や課題に応じて主体的に活用できる技能として習熟・熟達していくということが重要である」（「答申」：29）と述べられている。

　「思考力，判断力，表現力等」は，「理解していることやできることをどう使うか」に関わる資質・能力である。「答申」には，具体的に，次のように述べられている（「答申」：30）。

- 物事の中から問題を見いだし，その問題を定義し解決の方向性を決定し，解決方法を探して計画を立て，結果を予測しながら実行し，振り返って次の問題発見・解決につなげていく過程
- 精査した情報を基に自分の考えを形成し，文章や発話によって表現したり，目的や場面，状況等に応じて互いの考えを適切に伝え合い，多様な考えを理解したり，集団としての考えを形成したりしていく過程
- 思いや考えを基に構想し，意味や価値を創造していく過程

「学びに向かう力，人間性等」は，「どのように社会や世界と関わり，よりよい人生を送るか」に関わる資質・能力である。「答申」には，具体的に，次のように述べられている（「答申」：31-32）。

●主体的に学習に取り組む態度も含めた学びに向かう力や，自己の感情や行動を統制する能力，自らの思考の過程等を客観的に捉える力など，いわゆる「メタ認知」に関するもの。一人一人が幸福な人生を自ら創り出していくためには，情意面や態度面について，自己の感情や行動を統制する力や，よりよい生活や人間関係を自主的に形成する態度等を育むことが求められる。こうした力は，将来における社会的な不適応を予防し保護要因を高め，社会を生き抜く力につながるという観点からも重要である。

●多様性を尊重する態度と互いのよさを生かして協働する力，持続可能な社会づくりに向けた態度，リーダーシップやチームワーク，感性，優しさや思いやりなど，人間性等に関するもの。

　これら3つの柱は，それぞれ別々に育まれるものではなく，学習の過程を通して相互に関係し合いながら育成される。「生徒は学ぶことに興味を向けて取り組んでいく中で，新しい知識や技能を得て，それらの知識や技能を活用して思考することを通して，知識や技能をより確かなものとして習得するとともに，思考力，判断力，表現力等を養い，新たな学びに向かったり，学びを人生や社会に生かそうとしたりする力を高めていくことができる」（「解説」：36）。

② 教科横断的な視点に立った資質・能力の育成
　「答申」では，数多く論じられている資質・能力を次のような3つに大別している（「答申」：27）。

●例えば国語力，数学力などのように，伝統的な教科等の枠組みを踏まえながら，社会の中で活用できる力としての在り方について論じているもの。

●例えば言語能力や情報活用能力などのように，教科等を越えた全ての学習の基盤として育まれ活用される力について論じているもの。

●例えば安全で安心な社会づくりのために必要な力や，自然環境の有限性の中で持続可能な社会をつくるための力などのように，今後の社会の在り方を踏まえて，子供たちが現代的な諸課題に対応できるようになるために必要な力の在り方について論じているもの。

1点目は，「教科等の枠組みを踏まえて育成を目指す資質・能力」である。しかし，2，3点目は，教科等横断的な視点に立った資質・能力であり，それぞれ「学習の基盤となる資質・能力」「現代的な諸課題に対応して求められる資質・能力」を示している。

「学習の基盤となる資質・能力」とは，生徒の日々の学習や生涯にわたる学びの基盤となる資質・能力のことである。具体的には，「言語能力」「情報活用能力」「問題発見・解決能力」の3つが挙げられており，各教科等の特質を生かし，教科等横断的な視点から教育課程の編成を図るものとなっている（「解説」：49-53参照）。

「現代的な諸課題に対応して求められる資質・能力」とは，豊かな人生の実現や災害等を乗り越えて次代の社会を形成することに向けた現代的な諸課題に対応して求められる資質・能力のことで，具体的には，「答申」に以下のものが例示してある（「答申」：41）。

●健康・安全・食に関する力
●主権者として求められる力
●新たな価値を生み出す豊かな創造性
●グローバル化の中で多様性を尊重するとともに，現在まで受け継がれてきた我が国固有の領土や歴史について理解し，伝統や文化を尊重しつつ，多様な他者と協働しながら目標に向かって挑戦する力
●地域や社会における産業の役割を理解し地域創生等に生かす力
●自然環境や資源の有限性等の中で持続可能な社会をつくる力
●豊かなスポーツライフを実現する力

ここで例示された「現代的な諸課題に対応して求められる資質・能力」については，さらに「解説」の付録6に，教科等横断的な教育内容の構成が詳細に示されている（「解説」：200-245）。

　各学校においては，以上のような資質・能力の育成を目指し，生徒や学校，地域の実態及び生徒の発達の段階を考慮して学校の特色を生かした目標や指導の重点を計画し，教育課程を編成・実施していくことが求められる。

2　2018（平成30）年版高等学校学習指導要領における教育課程

（1）高等学校における教育課程の位置づけ：教育課程編成の原則

　高等学校学習指導要領の第1章総則「第1款　高等学校教育の基本と教育課程の役割」の1において，次のように述べられている（下線筆者）。

> 1　各学校においては，教育基本法及び学校教育法その他の法令並びにこの章以下に示すところに従い，生徒の人間として調和のとれた育成を目指し，生徒の心身の発達の段階や特性等，課程や学科の特色及び学校や地域の実態を十分考慮して，適切な教育課程を編成するものとし，これらに掲げる目標を達成するよう教育を行うものとする。

　ここで述べられる教育課程編成の主体や法令等に従った教育課程編成，生徒や学校，地域の実態を考慮した教育課程編成教育課程の編成といった教育課程編成の原則は，基本的に中学校と同様である。ただし，下線部に見られるように，高等学校においては，目的や目標，課程や学科の特色など，後期中等教育段階としての特色，位置づけがなされている。

　具体的には，高等学校の目的は，「中学校における教育の基礎の上に，心身の発達及び進路に応じて，高度な普通教育及び専門教育を施す」（学校教育法，第50条，下線筆者）とされ，それを受けて高等学校の目標については，次のように定められている（学校教育法，第51条）。

> 　第51条　高等学校における教育は，前条に規定する目的を実現するため，次に掲げる目標を達成するよう行われるものとする。
> 　一　義務教育として行われる普通教育の成果を更に発展拡充させて，豊かな人間性，創造性及び健やかな身体を養い，国家及び社会の形成者として必要な資質

を養うこと。

　二　社会において果たさなければならない使命の自覚に基づき，個性に応じて将
　　来の進路を決定させ，一般的な教養を高め，専門的な知識，技術及び技能を習
　　得させること。

　三　個性の確立に努めるとともに，社会について，広く深い理解と健全な批判力
　　を養い，社会の発展に寄与する態度を養うこと。

　また，「総則」第1章第1款1に「課程や学科の特色」とあるように（下線
部），高等学校には，多様な課程と学科がある。「課程」とは，全日制の課程，
定時制の課程及び通信制の課程並びに学年による教育課程の区分を設けるいわ
ゆる学年制の課程及びその区分を設けない単位制による課程のことである。
「学科」とは，普通科，専門学科（農業科，工業科，商業科，理数科，音楽科
等）及び総合学科のことである。小学校・中学校の教育課程が各教科とされて
いたのに対し，高等学校では，各教科・科目となる。それらは，各学科に共通
の各教科と，主として専門学科に開設される各教科に区分される（表6-3）。
高等学校では，必履修教科・科目の履修や卒業に必要な74単位以上の修得を共
通の基礎要件とし，これに加えてそれぞれの課程や学科の特色を生かした教育
を行うことを考えて，教育課程を編成する必要がある。

（2）高等学校学習指導要領改訂のポイント

　2018（平成30）年版高等学校学習指導要領における改訂の趣旨や要点につい
ては，中学校と基本的に変わらない。新たに「前文」が設けられ，そこでは中
学校と同様に，①教育基本法に規定する教育の目的や目標とこれからの学校
に求められること，②「社会に開かれた教育課程」の実現を目指すこと，③学
習指導要領を踏まえた創意工夫に基づく教育活動の充実が述べられている。ま
た，「高等学校学習指導要領解説　総則編」（以下「高校解説」）には総則改正の
要点として，①資質・能力の育成を目指す「主体的・対話的で深い学び」の
実現に向けた授業改善を進める，②カリキュラム・マネジメントの充実，③
生徒の発達の支援，家庭や地域との連携・協働が挙げられ（「高校解説」：7-8），

表6-3　各学科に共通する各教科・科目及び総合的な探究の時間並びに標準単位数

教科等	科　目	標　準単位数	教科等	科　目	標　準単位数
国　語	現代の国語	2	芸　術	音楽Ⅰ	2
	言語文化	2		音楽Ⅱ	2
	論理国語	4		音楽Ⅲ	2
	文学国語	4		美術Ⅰ	2
	国語表現	4		美術Ⅱ	2
	古典探究	4		美術Ⅲ	2
	地理総合	2		工芸Ⅰ	2
地理歴史	地理探究	3		工芸Ⅱ	2
	歴史総合	2		工芸Ⅲ	2
	日本史探究	3		書道Ⅰ	2
	世界史探究	3		書道Ⅱ	2
公　民	公　　共	2		書道Ⅲ	2
	倫　　理	2	外国語	英語コミュニケーションⅠ	3
	政治・経済	2		英語コミュニケーションⅡ	4
数　学	数学Ⅰ	3		英語コミュニケーションⅢ	4
	数学Ⅱ	4		論理・表現Ⅰ	2
	数学Ⅲ	3		論理・表現Ⅱ	2
	数学A	2		論理・表現Ⅲ	2
	数学B	2	家　庭	家庭基礎	2
	数学C	2		家庭総合	4
理　科	科学と人間生活	2	情　報	情報Ⅰ	2
	物理基礎	2		情報Ⅱ	2
	物　　理	4	理　数	理数探究基礎	1
	化学基礎	2		理数探究	2〜5
	化　　学	4	総合的な探究の時間		3〜6
	生物基礎	2			
	生　　物	4			
	地学基礎	2			
	地　　学	4			
保健体育	体　　育	7〜8			
	保　　健	2			

（出所）「高等学校学習指導要領」第1章第2款3（1）イ。

これらも中学校と同様である。

　2009（平成21）年版と2018（平成30）年版で大きく変更されたのは，教科・科目構成である。特に，国語科，地理歴史科，公民科において再編がなされた。国語科は，2009（平成21）年版では，「国語総合」（標準4単位）が必履修科目であったが，「現代の国語」（標準2単位）と「言語文化」（標準2単位）を共通必履修科目とした。また，その他の科目も「論理国語」「文学国語」「国語表現」「古典探究」（各標準4単位）と名称変更された。地理歴史科は，2009（平成21）年版では，「世界史A」（標準2単位），「世界史B」（標準4単位）の1科目，「日本史A」「日本史B」「地理A」「地理B」の1科目が選択必修科目であったが，新たに「地理総合」（標準2単位）と「歴史総合」（標準2単位）を共通必履修科目として設けた。その上に，「地理探究」「日本史探究」「世界史探究」（各標準3単位）が設けられた。公民科では，2009（平成21）年版では，「現代社会」（標準2単位）または「倫理」（標準2単位）・「政治・経済」（標準2単位）からの選択必履修であったが，新たに「公共」（標準2単位）を共通必履修科目として設け，それ以外に「倫理」（標準2単位），「政治・経済」（標準2単位）が置かれている。これは，2015年に公職選挙法が改正され，選挙権年齢が18歳以上に引き下げられ，高校生でも選挙権をもつことができるようになり，主権者教育が一層重要になったためである。

　また，2018（平成30年）版では，数理横断的なテーマに徹底的に向き合い考え抜く力を育成し，将来，学術研究を通じた知の創出をもたらすことができる人材の育成を目指して，新教科「理数」が設けられた。理数科では，様々な事象に対して知的好奇心をもつとともに，教科・科目の枠にとらわれない多角的，複合的な視点で事象を捉え，「数学的な見方・考え方」や「理科の見方・考え方」を豊かな発想で活用したり，組み合わせたりしながら，探究的な学習を行うことを通じて，新たな価値の創造に向けて粘り強く挑戦する力の基礎を培うことを，基本原理としている。

　加えて，これまで「総合的な学習の時間」とされてきたが，より探究的な学習を目指すものとして，2018（平成30年）版の高等学校では，「総合的な探究の時間」と名称変更がなされた。両者の違いは，生徒の発達の段階において求め

られる探究の姿と関わっており，「総合的な学習の時間は，課題を解決することで自己の生き方を考えていく学びであるのに対して，総合的な探究の時間は，自己の在り方生き方と一体的で不可分な課題を自ら発見し，解決していくような学びを展開していく」（高等学校学習指導要領解説　総合的な探究の時間編：8）という，課題と自分自身との関係の違いとしてみることができる。

　なお，2018（平成30年）版では，複数の科目の名称に，「探究」という語が使われている。国語科の「古典探究」，地理歴史科の「地理探究」，「日本史探究」及び「世界史探究」の「探究」が，当該教科・科目における理解をより深めることを目的とし，教科の内容項目に応じた課題に沿って探究的な活動を行うものであるのに対して，「総合的な探究の時間」や「理数探究」，「理数探究基礎」の「探究」は，課題を発見し解決していくために必要な資質・能力を育成することを目的とし，複数の教科・科目等の見方・考え方を組み合わせるなどして働かせ，探究のプロセスを通して資質・能力を育成するものとされる。このように，同じ「探究」という語が科目の名称に使われているが，その意味するところは異なっている。

（3）「主体的・対話的で深い学び」とカリキュラム・マネジメント

　ここでは，新しい教育課程編成・実施のポイントである「主体的・対話的で深い学び」とカリキュラム・マネジメントについて，それぞれ述べていく。

①「主体的・対話的で深い学び」の実現に向けた授業改善

　「主体的・対話的で深い学び」の実現に向けた授業改善の推進は，小・中・高等学校を通じて打ち出された，今回改訂の基本方針の大きな柱の一つである。「答申」において，以下のように整理されている（「答申」：49-50）。

> 　「主体的・対話的で深い学び」の実現とは，以下の視点に立った授業改善を行うことで，学校教育における質の高い学びを実現し，学習内容を深く理解し，資質・能力を身に付け，生涯にわたって能動的（アクティブ）に学び続けるようにすることである。

① 学ぶことに興味や関心を持ち，自己のキャリア形成の方向性と関連付けながら，見通しを持って粘り強く取り組み，自己の学習活動を振り返って次につなげる「主体的な学び」が実現できているか。

　子供自身が興味を持って積極的に取り組むとともに，学習活動を自ら振り返り意味付けたり，身に付いた資質・能力を自覚したり，共有したりすることが重要である。

② 子供同士の協働，教職員や地域の人との対話，先哲の考え方を手掛かりに考えること等を通じ，自己の考えを広げ深める「対話的な学び」が実現できているか。

　身に付けた知識や技能を定着させるとともに，物事の多面的で深い理解に至るためには，多様な表現を通じて，教職員と子供や，子供同士が対話し，それによって思考を広げ深めていくことが求められる。

③ 習得・活用・探究という学びの過程の中で，各教科等の特質に応じた「見方・考え方」を働かせながら，知識を相互に関連付けてより深く理解したり，情報を精査して考えを形成したり，問題を見いだして解決策を考えたり，思いや考えを基に創造したりすることに向かう「深い学び」が実現できているか。

　また，「高校解説」には，以下の点に留意して取り組むことが重要であると述べられている（「高校解説」：4）。

① 授業の方法や技術の改善のみを意図するものではなく，生徒に目指す資質・能力を育むために「主体的な学び」，「対話的な学び」，「深い学び」の視点で，授業改善を進めるものであること。

② 各教科等において通常行われている学習活動（言語活動，観察・実験，問題解決的な学習など）の質を向上させることを主眼とするものであること。

③ 1回1回の授業で全ての学びが実現されるものではなく，単元や題材など内容や時間のまとまりの中で，学習を見通し振り返る場面をどこに設定するか，グループなどで対話する場面をどこに設定するか，生徒が考える場面と教師が教える場面とをどのように組み立てるかを考え，実現を図っていくものであること。

④ 深い学びの鍵として「見方・考え方」を働かせることが重要になること。各教科等の「見方・考え方」は，「どのような視点で物事を捉え，どのような考え方で思考していくのか」というその教科等ならではの物事を捉える視点や考え方であ

る。各教科等を学ぶ本質的な意義の中核をなすものであり，教科等の学習と社会
をつなぐものであることから，生徒が学習や人生において「見方・考え方」を自
在に働かせることができるようにすることにこそ，教師の専門性が発揮されるこ
とが求められること。

⑤　基礎的・基本的な知識及び技能の習得に課題がある場合には，それを身に付け
させるために，生徒の学びを深めたり主体性を引き出したりといった工夫を重ね
ながら，確実な習得を図ることを重視すること。

　「高校解説」で示されたこれら5つの留意点は，小・中学校においても同様
に示されている。しかし，小・中学校においては，これらに加えて，もう一つ
「ア　児童生徒に求められる資質・能力を育成することを目指した授業改善の取
組は，既に小・中学校を中心に多くの実践が積み重ねられており，特に義務教
育段階はこれまで地道に取り組まれ蓄積されてきた実践を否定し，全く異なる
指導方法を導入しなければならないと捉える必要はないこと」が示されている。
なぜ，高等学校ではこの留意点が示されていないのか。それは，高等学校にお
いては，資質・能力を育成することを目指した授業改善の取り組みや実践が，
小・中学校ほど多く積み重ねられていないからである。その要因の一つには，
大学入学者選抜や資格の在り方等の外部要因が挙げられている。いわゆる，入
試が変わらなければ授業は変わらない，といわれるものである。そのため，今
回の改訂では，高大接改革，大学入学者選抜改革，さらにはキャリア教育の視
点で学校と社会の接続を目指すという様々な取り組みと一体をなす中で，授業
改善が目指されている。

② カリキュラム・マネジメントの充実
　カリキュラム・マネジメントの充実は，「主体的・対話的で深い学び」によ
る授業改善の推進と同様に，今回改訂の基本方針の大きな柱の一つである。
　カリキュラム・マネジメントは，高等学校学習指導要領の第1章総則第1款
5に，次のように述べられている。

> 5　各学校においては，生徒や学校，地域の実態を適切に把握し，教育の目的や目
> 標の実現に必要な教育の内容等を教科等横断的な視点で組み立てていくこと，教
> 育課程の実施状況を評価してその改善を図っていくこと，教育課程の実施に必要
> な人的又は物的な体制を確保するとともにその改善を図っていくことなどを通し
> て，教育課程に基づき組織的かつ計画的に各学校の教育活動の質の向上を図って
> いくこと（以下「カリキュラム・マネジメント」という。）に努めるものとする。

　ここでは，カリキュラム・マネジメントの定義とともに，「答申」において
も示されている以下の三つの側面（「答申」：23-24）が挙げられている。

　●教育の目的や目標の実現に必要な教育の内容等を教科等横断的な視点で
　　組み立てていくこと

　●教育課程の実施状況を評価してその改善を図っていくこと

　●教育課程の実施に必要な人的又は物的な体制を確保するとともにその改
　　善を図っていくこと

　これらの三つの側面を踏まえながら，各学校において実際に教育課程の編成
や改善に，組織的かつ計画的に取り組むことが求められる。「高校解説」には，
そのカリキュラム・マネジメントの手順が，具体的かつ詳細に例示されている
（「高校解説」：48-50）。ここでは，そのうち，（1）〜（6）の項目のみ記す。

> （1）教育課程の編成に対する学校の基本方針を明確にする。
> （2）教育課程の編成・実施のための組織と日程を決める。
> （3）教育課程の編成のための事前の研究や調査をする。
> （4）学校の教育目標など教育課程の編成の基本となる事項を定める。
> （5）教育課程を編成する。
> （6）教育課程を評価し改善する。

　高等学校は，各学校によって課程や学科などが異なり，それぞれ特色をもっ
ており，生徒の進路も含め，学校の実態は多様である。各学校において，教育
課程に関する国や教育委員会の基準を踏まえ，自校の教育課程の編成，実施，
評価及び改善に関する課題がどこにあるのかを明確にし，教職員間で共有して

改善を行うことにより学校教育の質の向上を図り，カリキュラム・マネジメントの充実に努めることが求められる。

┌ **学習課題** ┐

（1）学習指導要領の改訂のポイントを踏まえた中学校と高等学校の教育課程の共通点と相違点について話し合ってみよう。

（2）卒業した高等学校の学校目標と教育課程の特色を踏まえてカリキュラムを評価し，改善点を提案しよう。

引用・参考文献

中央教育審議会（2016）「幼稚園，小学校，中学校，高等学校及び特別支援学校の学習指導要領等の改善及び必要な方策等について（答申）」（平成28年12月21日）.

文部科学省（2017）『中学校学習指導要領（平成29年告示）解説総則編』東山書房.

文部科学省（2018）『校等学校学習指導要領（平成30年告示）解説総則編』東洋館出版社.

田中耕治・水原克敏・三石初雄・西岡加名恵（2018）『新しい時代の教育課程』（第4版）有斐閣.

（中本和彦）

第7章

カリキュラム・マネジメントの考えを深めるために（1）
カリキュラム・マネジメントと道徳教育

　　　　本章では，新しい学習指導要領に基づく道徳教育を検討することから，これからの学校教育の在り方を規定するキーワードであるカリキュラム・マネジメントについて考察する。具体的には，学校教育において，最も重要な役割を担う教育課程を編成するさいの留意点を起点として，学習指導要領の「基準性」を取り上げ，「社会に開かれた教育課程」，「生きる力」，そして，小学校・中学校・高等学校での道徳教育との関連で，カリキュラム・マネジメントとは何かを問う。この一連の問いを通して，カリキュラム・マネジメントという考えを深めてみたい。

1　これからの学校教育とカリキュラム・マネジメント

（1）教育課程論という学びがもつ二つの困難

　教員を志す者にとって教育課程論は，きわめて重要な学びである。しかし，この学びには，二つの大きな困難がある。

　第一の困難は，教育課程そのものの理解に関わる困難である。学校教育に関わる取り組みはどれも，教育課程を中心に，組織的かつ計画的に実施していかねばならない。この意味で，教育課程は，学校のあらゆる教育活動を支える基盤となるものである。この基盤としての教育課程をどのように，また，どれだけ深く理解するのか。これが第一の困難をめぐって，私たちが取り組まなければならない問いである（文部科学省 2018a：39，2018d：40，2019a：45）。第二の困難は，教育課程の編成に関わる困難である。私たちが教育課程を編成するさいに留意すべきことは何か。これが第二の困難をめぐって，私たちが取り組まなければならない問いである。

　第一の困難をめぐる問いに答えるためには，教育課程論をめぐる広範な考察が必要になるので，本書全体を学んだあとで，あなたなりの答えを探してほし

い。そこで，第二の困難をめぐる問いを起点として，新しい学習指導要領に基づく道徳教育を検討することから，カリキュラム・マネジメントという考えを深く理解する道を拓くことを本章の目標としよう。

（2）教育課程の定義

　私たちが教育課程を編成するさいに留意すべきことは何か。一つ目は，全ての小学校・中学校・高等学校で，一律に，それに基づいて教育課程を編成しなければならない一般的なことがらである。二つ目は，それぞれの小学校・中学校・高等学校がもつ固有独自性としての個別具体的なことがらである。この一般的なことがらと個別具体的なことがらとは何か。この問いに答えるために，学習指導要領とその解説を繙き，教育課程の定義を確認していこう。

　教育課程とは，「各学校の教育活動の中核として最も重要な役割を担うもの」であり，「学校教育の目的や目標を達成するために，教育の内容を児童〔・生徒〕の心身の発達に応じ，授業時数との関連において総合的に組織した各学校の教育計画」のことである。（文部科学省 2018a：11，2018d：11，2019a：14。以下，〔　〕は，引用者による補足を示す）。この定義にあるように，学校の教育活動の中核を担う教育課程の編成は，学校教育の目的及び目標を達成するために行われる。では，教育の目的と目標とは何か。

　学校を含む，あらゆる教育の目的と目標は，教育基本法に明記されている。教育の目的とは，「人格の完成」と「平和で民主的な国家及び社会の形成者」としての資質を備えた健全な「国民の育成」である（第 1 条）。教育の目標とは，「学問の自由」に基づいて，知・徳・体のバランスのとれた育成，個人の尊重と個性の伸長，自主・自律の精神及び勤労の精神の涵養，正義と責任，平等と敬愛を重視する態度，生命，自然や環境を大事にする態度，多様な伝統と文化を尊重し，国際社会の平和の実現をめざす態度を養成することである（第 2 条）。この目的と目標は，小・中・高の全ての学校教育の基本を確立するものである。この意味で，教育基本法は，教育課程を編成するさいに私たちが留意すべき一般的なことがらの最も代表的なものである（文部科学省 2018a：11，2018d：11，2019a：14）。

しかし，この教育課程の編成に関わる一般的なことがらは，教育基本法や学校教育法のような法令だけではない。さらに，学習指導要領がある。学習指導要領は，「小学校〔・中学校・高等学校〕教育について一定の水準を確保するために法令に基づいて国が定めた教育課程の基準」である。それゆえ，全ての学校は，教育課程を編成，実施するさいに，学習指導要領に従わなければならない。これが学習指導要領の「基準性」である（文部科学省 2018a：13，15，2018d：13，15，2019a：16，18）。

（3）学習指導要領の基準性とは何か

　ここで，私たちは，この基準性の意味内実に注意しなければならない。あなたは，「基準」という言葉から，どのようなイメージを抱いただろうか。教育課程を編成するさいに，絶対に守らなければならないもの，そこから逸脱してはいけないものという「制限」のイメージだろうか。もちろん，このイメージも間違いではない。というのも，学習指導要領に示されている内容は，学校の違いや区別を超えて，「全ての児童〔・生徒〕に対して確実に指導しなければならないものである」からだ。学習指導要領の内容を全ての子どもたちに対して確実に指導する，ということを全ての学校が共有することによって，学校教育の水準が一定に確保され，「国全体としての統一性を保つ」ことが保障されるのである。しかし，基準性は，たんに，学校教育の水準と統一性の確保を意味しているだけではない。確保と保障と同時に，実際に学んでいる子どもたちの学習状況や実態に応じて，「各学校の判断」に基づいて，「学習指導要領に示していない内容を加えて指導することも可能である」ということも積極的に容認するものである（文部科学省 2018a：13，2018d：13，2019a：16）。これが基準性の意味内実に関して注意しなければならないことである。

　学習指導要領の基準性の意味内実を押さえることで，私たちが教育課程を編成するさいに留意すべきもう一つのものである個別具体的なことがらが見えてくる。個別具体的なことがらとは，教育基本法や学習指導要領のような，一切の例外なしに，全ての学校が共有すべき教育課程の基礎となるものの上に築かれる，各学校の「裁量に基づく多様な創意工夫」のことである。いっそう具体

的にいえば，伝統や校風，教育目標，教職員の構成のような学校の独自性，在校生や卒業生の興味や関心，家族の思いや願いのような子どもと家庭の独自性，さらに，文化，「生活条件や環境」のような学校がそこに根差している地域の独自性から生み出される，それぞれの学校に固有の教育活動のことである（文部科学省 2018a：13，21，2018d：13，21，2019a：16，24）。

　このように，学校教育の中核を担う教育課程は，全ての学校が教育活動の基礎として共有すべき一般的なことがら──教育課程の深層──と，それに立脚した各学校の固有独自性を生かした創意工夫が求められる個別具体的なことがら──教育課程の表層──から成る重層的な構造物として構築されなければならない。

　しかし，重層的とはどういうことか。それは，たんに，深層に表層を重ねただけの単純な二階層性のことではない。深層としての教育基本法や学習指導要領は，全ての学校が共有する一般的なことがらであるために，その記述が抽象的であるという特徴をもつ。抽象的であるとは，単独で，教育課程の編成を完了させることができない，ということである。深層は，教育課程に必須の，標準的な枠組みを提供するものである。しかし，その枠組みを充実させていく具体的な中身（表層）が存在しなければ十分に機能せず，それだけで教育課程の編成を完了させることができない。一方，表層は，教育課程に具体的な中身を提供するものである。しかし，標準的な枠組み（深層）が存在しなければ機能せず，それだけで教育課程の編成を完了させることができない。比喩的にいえば，容れ物である深層とその中身である表層は，互いを欠いていれば十分に機能しないという意味で，互いに相手を必要とする二つの層に他ならない（文部科学省 2018a：13，2018d：13，2019a：16）。欠くことのできない標準型として，教育課程の出発点となる深層と，この型を土台として，具体的な創意工夫の開始点となる表層とが織り成す相補的な関係，これが重層的の意味である。

（4）教育課程論を学ぼうとする私たちの進路

　このように，教育課程の重層性を理解することによって，私たちの学びの進路が決定される。あなたもすでに気付いているだろう。教育課程の編成が，一

般的なことがらである深層と個別具体的なことがらである表層から成る重層的な構造物であるならば，まず，私たちが着実にその理解を深めておかなければならないのは深層の方だ，ということに。なぜなら，様々な独自性から生み出される，それぞれの学校に固有の具体的な教育活動である表層は，あなたが教員として，当該の学校に着任するときに初めて明確な仕方で立ち現れてくるものだからだ。それゆえ，私たちは，教育課程の深層に焦点を合わせて，そのよりよい理解に努めよう。

　では，これからの学校教育において，重層的な構造物としての教育課程の編成は，どのように行われるのか。これが私たちの学びの進路にある問いである。そして，その答えはこうだ。教育課程の編成は，「カリキュラム・マネジメントの一環として行われる」，と（文部科学省 2018a：12, 2018d：12, 2019a：15）。

（5）教育課程の深層の検討に向かうさいの心構え

　カリキュラム・マネジメントの一環としての教育課程の編成とは，具体的にどのようなものなのかを，教育課程の深層の主要部である学習指導要領とその解説に即して検討すること，これが私たちの課題である。そこでまず，この課題と向き合うための心構えを確認しておきたい。

　私たちが何か新しいことを学ぶという作業は，総じて，骨の折れるものである。教員を志す本書の読者の多くは，大学生であろう。大学生が新たに経験する学びの一つに自動車運転免許の取得がある。免許の取得をめざすあなたは，たとえ，これまで自分で車の運転をしたことがなかったとしても，両親の運転する車の同乗者として，あるいは，歩行者や自転車の乗り手として，車の動き方等，自動車一般の運行に関する知識（考え）をそれなりに知っていただろう。しかし，実際に，初めてドライバーとして，車を運転してみたとき，あなたはどう感じただろうか。車の動き方についての知識（考え）は，実際に運転したときに役に立っただろうか。おそらく，そのあまりのギャップにとまどったのではないか。あなたが車の同乗者・歩行者・自転車の乗り手と車のドライバーという立場の違いにとまどっているそのとき，教官は，運転に関する助言を与えてくれたはずだ。

　さて，ここで問題。そのとき，教官は，いくつの助言をあなたに与えただろうか。私たちが車を運転するさいの注意事項は数多い。しかし，教官は，その全てを伝えなかったはずだ。目の動かし方，ハンドルの持ち方・切り方，アクセルとブレーキの踏み方等，初心者にとって最も大事な注意事項のみを伝えただろう。なぜか。それは，私たち人間が一度に，意識的に注意を払うことができる量には限度があるからだ。その限度を大きく超えてしまうと私たちはパニックに陥り，うまく運転することができなくなる。それゆえ，教官は，車を運転するさいの注意事項を，一度に全部伝えるのではなく，初心者向け，最低限の運転技術を身に付けた者向けといった具合に，それぞれの段階に応じて，必要なものを適切に選び出し，その都度助言を与えるのである。

　この自動車の例で示したのと同じようなことが，教育課程論の学びにも当てはまる。あなたは，これまで，小・中・高，そして，大学において多くの教育を経験してきた。その経験から，学校教育がどのようなものか，それなりに知っている。しかし，ここで見落としてはいけないことは，その知識がどれも，児童・生徒・学生の立場から獲得されたものである，ということだ。教員を志し，まさに教員という立場から学校教育について考えようとするあなたには，児童・生徒・学生（学びに向かう者）と教員（導き教える者）という立場の違いをしっかりと自覚して，教育課程の深層の検討に向かってほしい。というのも，この立場の違いを自覚することで，学校教育（教育課程）についての考えと理解が格段に深まるからだ。それはちょうど，自動車の形状に由来する死角，速度の増加と視野の狭まりや右左折時に陥りやすい注意確認不足等，歩行者や自転車の乗り手という立場からでは気付かなかったことを，ドライバーという立場から初めて経験することによって，自動車一般の運行に関する知識（考え）とその理解が格段に深まるのと同様である。

2　カリキュラム・マネジメントを基点とした道徳教育とその課題

（1）カリキュラム・マネジメントとは何か（その1）：「社会に開かれた教育課程」という理念の観点から

　心構えを共有した上で，学習指導要領とその解説に即して，カリキュラム・マネジメントの一環としての教育課程の編成とは何かを明らかにするという課題に着手しよう。先に述べたように，この課題をめぐる学びも骨の折れるものになることが予想される。そこで，この作業は，できるだけ楽に（楽しく），できるだけ効率的に（短時間で）進めたいのだが，どうすればよいだろうか。その答えの一つは，学びの確かな起点となりそうなキーワードを，自分なりに選び出すことである。

　学習指導要領とその解説を繙くと，その内容を特徴付ける複数のキーワードがあることに気付く。次のように定義されるカリキュラム・マネジメントもその一つである。

> 各学校においては，児童〔・生徒〕や学校，地域の実態を適切に把握し，教育の目的や目標の実現に必要な教育の内容等を教科等横断的な視点で組み立てていくこと〔①〕，教育課程の実施状況を評価してその改善を図っていくこと〔②〕，教育課程の実施に必要な人的又は物的な体制を確保するとともにその改善を図っていくこと〔③〕などを通して，教育課程に基づき組織的かつ計画的に各学校の教育活動の質の向上を図っていくこと（以下「カリキュラム・マネジメント」という。）に努めるものとする。　　　　　　　　　　　　（文部科学省 2018a：39，2018d：40，2019a：45）

　この引用をよく見ると，カリキュラム・マネジメントが，大きく三つの要素①～③で構成されていることが分かる。これがカリキュラム・マネジメントの「三つの側面」である。この三つの側面はどれも，「学校の教育活動の質の向上を図る」ことを狙いとしている（文部科学省 2018a：40，2018d：41，2019a：46）。しかし，学校の教育活動の質の向上を図るとはどういうことか。

　この言葉の意味内実を正しく摑むためには，新しい学習指導要領の「理念」

――学習指導要領の内容を特徴付ける最も重要なキーワード――を理解しなければならない。それが「社会に開かれた教育課程」である。社会に開かれた教育課程とは，「“よりよい学校教育を通じてよりよい社会を創る”という目標を学校と社会が共有」することから開始される教育課程のことであり，この目標を学校と社会（家庭と地域）が共有することで，連携・協働しながら，未来社会の担い手である子どもたちが新しい時代を創造していくために必要な「資質・能力」を育成しようとする教育課程のことである（文部科学省 2018a：2，2018d：2，2019a：1）。

　この理念とともに，これからの学校教育の基本方針が明確になる。それが「チームとしての学校」である。チームとしての学校とは，学校（全ての教職員）を核として，家庭（保護者や家族）と地域（学校外部の様々な人々）とが，それぞれの立場から積極的に連携・協働することで，子どもたちにとってのよりよい学習環境の整備をめざすものである。換言すれば，学校・家庭・地域とのより強い「信頼関係」とより実り豊かな「互恵性」とに立脚して，子どもたちにとってのよりよい学習機会の実現をめざすものである。それゆえ，学校の教育活動の質の向上を図るとは，各学校がチームとしての学校という方針に従って，子どもたちのよりよい学習環境と学習機会を提供していくことに他ならない。これが社会に開かれた教育課程という理念の実現をめざすカリキュラム・マネジメントである（文部科学省 2018c：144-145，2018f：140-141，2019c：151-152）。

（2）カリキュラム・マネジメントとは何か（その2）：「生きる力」の観点から

　これまでの検討から，学校の教育活動の質の向上を図ることを狙いとするカリキュラム・マネジメントは，学校と家庭と地域とが手を取り合って，子どもたちによりよい学習環境と学習機会を提供していくことをめざすものである，ということが明らかになった。では，子どもたちは，よりよい学習環境と学習機会において，何を身に付けられるようになるのだろうか。

　その答えが「生きる力」である。生きる力とは，情報化やグローバル化によって加速する社会の変化に臆することなく，子どもたち一人一人が「よりよい

社会と幸福な人生の創り手」となるための力のことである。この力は，「確かな学力，豊かな心，健やかな体」という子どもたちの知・徳・体のバランスに配慮しつつ，各学校の「創意工夫を生かした特色ある教育活動」を通して育成されるものである。それゆえ，学校には，この生きる力を，「三つの柱」——「生きて働く『知識・技能』の習得」，「未知の状況にも対応できる『思考力・判断力・表現力等』の育成」，「学びを人生や社会に生かそうとする『学びに向かう力・人間性等』の涵養」——に基づいて具体化した資質・能力を育成する教育活動のための教育課程が求められることになる。この教育課程は，考える頭・感じる心・考えたことと感じたことを体現する身体を育むための教育活動を支えるものに他ならない。これが生きる力のよりよい育成をめざすカリキュラム・マネジメントである（文部科学省 2018a：3，22，2018d：3，22，2019a：3，25）。

（3）学校を中心とする道徳教育とカリキュラム・マネジメント：小・中学校の道徳教育と高等学校の道徳教育との共通点と相違点

　学習指導要領とその解説を繙くと，生きる力の具体化としての資質・能力を育むために，教育課程のなかでもきわめて重要な位置が与えられているものがあることに気付く。それが道徳教育である（文部科学省 2018b：1，2018e：1）。この道徳教育の位置付けは，前節で確認した，学校での教育における知・徳・体のバランスについて，とくに，子どもたちの徳に関わることがらの育成が肝心である，ということを明確に示している。そこで本節では，学習指導要領とその解説に即して，学校を中心とする道徳教育の要点を整理し，道徳教育から浮かび上がるカリキュラム・マネジメントの姿を明らかにしたい。そのさい，小・中学校の道徳教育と高等学校の道徳教育との共通点と相違点に着目する。

　両者の共通点から確認しよう。まず，学校での道徳教育の役割とは何か。それは，私たちが「一生を通じて追求すべき〔よりよい〕人格形成の根幹に関わるもの」と，「民主的な国家・社会の持続的発展を根底で支えるもの」を育成することである。この役割は，前述した教育基本法第一条の教育の目的と一致する。では，学校での道徳教育を通じて育成されるものは何か。それは，子ど

もたちが「自己の生き方を考え，主体的な判断の下に行動し，自立した一人の人間として他者と共によりよく生きるための基盤となる道徳性」である。この道徳性は，「人間としての本来的な在り方やよりよい生き方を目指して行われる道徳的行為を可能にする人格的特性」のことである。この人格的特性としての道徳性は，「道徳的判断力，道徳的心情，道徳的実践意欲と態度」という様相をもつ（文部科学省 2018a：27，2018b：1，10，20，2018d：28，2018e：1，8，17，2019a：28，32）。道徳教育の役割とそこで育成されるものは，小・中・高を貫いて，全く同じである。

　次に，学校教育のなかで道徳教育は，どのように行われるのか。道徳教育は，「教育の中核をなすもの」として，「学校のあらゆる教育活動を通じて行われるべきもの」である。この点に関しても，小・中・高を貫いて，全てに共通することがある。それが「道徳教育推進教師」の配置である。道徳教育推進教師とは，教育課程の管理者である校長の方針のもと，全ての教員が主体的な参画意識をもって協力し，道徳教育のさらなる充実のための指導計画の作成，指導体制や指導環境の整備，評価の実施等を行うさいに，中心的な役割を担う者のことである（文部科学省 2018a：128-129，2018b：3，2019d：131-132，2018e：3，2019a：177-178）。

　では，この役割に関して，カリキュラム・マネジメントの考えを深めるという目論みから，とくに，大事になるものは何か。それは，道徳教育の計画を外部に向けて積極的に公表すること等を通して，家庭や地域社会の理解をえて，保護者や家族，地域の人々と連携・協働しながら道徳教育のさらなる充実を図る，という役割である。この充実を図るためには何が必要か。それは，学校（全ての教職員），家庭（保護者や家族），地域（学校外部の様々な人々）がそれぞれの立場から，実態や現状，考えや願いを出し合い，しっかりと対話するなかから，子どもたちにとってのよりよい道徳教育を探究していくことである。学校を核とした家庭と地域との連携・協働に基づく道徳教育の探究，これが道徳教育から浮かび上がるカリキュラム・マネジメントの姿である（文部科学省 2018a：130，2018d：133，2019a：179及び本章2の（1）を参照）。

　今度は，小・中学校と高等学校での道徳教育の相違点を確認しよう。両者の

最も大きな違いは、「特別の教科である道徳（道徳科）」の有無である。小・中学校の教育課程が、各教科、特別の教科である道徳、外国語活動（小学校のみ）、総合的な学習の時間及び特別活動によって編成されているのに対して、高等学校の教育課程は、各教科に属する科目、総合的な探究の時間及び特別活動によって編成される（学校教育法施行規則）。この教育課程の編成の違いに応じて、あらゆる教育活動を通じて行われるべき道徳教育に関して、小・中学校が、特別の教科である道徳を「要として」行うのに対して、高等学校は、公民科に新たに設けられた「『公共』及び『倫理』並びに特別活動」を「中核的な指導の場面として」行うことになる、という違いも生じる（文部科学省2018b：10-11、2018e：8-9、2019a：12、2019b：169）。

　では、この相違点に関して、カリキュラム・マネジメントの考えを深めるという目論みから、とくに、大事になるものは何か。それは、「教科等横断的な視点」と「要として」という言葉の違いを見落とさないことである。すでに見たように、前者が、学校教育の内容等を教科等横断的な視点で組み立てていく、というカリキュラム・マネジメントの側面（本章2の（1）の要素①）を明示するために使用されていたのに対して、後者は、特別の教科である道徳の教育課程での位置付けを明示するために使用されている。この両者の違いはどこにあるのか。

　教科等横断的な視点とは何か。この問いに答えるための手がかりになるのが、小・中学校での総合的な学習の時間及び高等学校での総合的な探究の時間における「横断的・総合的な学習」である。横断的・総合的な学習とは何か。それは、特定の教科や科目に分離された学びに留まらない学習のことである。この学習の特徴は、「実社会や実生活の複雑な文脈」において生起する問題の解決に向けて、「教科〔・科目〕等の枠を超えて探究する価値のある課題」や「特定の教科〔・科目〕等の視点だけで捉えきれない広範〔かつ複雑〕な事象」をめぐる課題の解決に向けて取り組む、ということである。子どもたちが、特定の教科や科目に固有の見方・考え方を超えて、課題を「多様な角度から俯瞰して」捉える学習、さらに、子どもたちが、扱う課題の「対象や解決しようとする方向性などに応じて」、様々な見方・考え方を、自ら組み合わせて活用して

いく学習，これが横断的・総合的な学習に他ならない（文部科学省 2018c：10-11，2018f：10-11，2019c：13-14）。

　ここから，教科等横断的な視点を次のように規定することができる。それは，社会生活のなかで直面する，容易に解決できない問題や課題に対処するために，特定の教科や科目での学びを生かしつつ，その枠を超えて，新たな見方・考え方を子どもたちが自ら創造していくための力の育成を目指す視点である，と。カリキュラム・マネジメントに求められるのは，この意味での教科等横断的な視点に即して，学校での「学習の効果の最大化を図る」ことである（文部科学省 2018a：5，2018d：5，2019a：5）。

　これに対して，特別の教科である道徳の要としてという位置付けとは何か。それは，特別の教科である道徳が，特定の教科や総合的な学習の時間といった個々の学びにおいて，それぞれの見方・考え方や特質に応じて養われた道徳性を「補ったり，深めたり」することで，いっそう調和的に生かすための学びである，ということだ。いっそう調和的に生かすとは，子どもたちが，個々の学びのなかで養った多様な道徳的なことがらを，特別の教科である道徳を通じて，「内省しつつ物事の本質を考える力や何事にも主体性をもって誠実に向き合う意志や態度，豊かな情操」という道徳性の核心に向けて彫琢することである。道徳性の核心とは，特別の教科である道徳を通じて子どもたちに自覚化される善く生きること（よりよい在り方生き方）への希求の結晶のことである。これこそ，全ての教育活動において育成を目指す生きる力の最も重要な根元に他ならない。なぜなら，この結晶が，私たちは「何のために学ぶのか」という学校教育への最も根本的な問いに対する明快な答えを与えてくれるからだ。特別の教科である道徳に求められるのは，この意味での要として，善く生きることが「人間にとって最大の関心」であることの意味を，子どもたち一人一人が体得するための学びを実現することである（文部科学省 2018b：1，10，19，2018e：1，8，17）。

　では，道徳教育に関して，小・中学校で，特別の教科である道徳を要として行うことと，高等学校で，公民科に新たに設けられた公共及び倫理並びに特別活動を中核的な指導の場面として行うことの違いはどこにあるのか。この両者

111

に，基本的な違いはない。というのも，高等学校の道徳教育は，「小・中学校における『特別の教科である道徳』（以下「道徳科」という。）の学習等を通じた道徳的諸価値の理解を基にしながら」，善く生きることに対する，「自分自身に固有の選択基準・判断基準を形成」していくものだからだ（文部科学省 2019a：28-29）。

　ただし，次のことに注意しなければならない。第一に，公共，倫理，特別活動は，「人間としての在り方生き方」について考究するという目標を共有しているという理由で，高等学校での道徳教育の中核的な指導の場面になりうること，第二に，必履修科目である公共と特別活動が全ての生徒が学ぶものであるのに対して，選択科目である倫理はそうではないこと，そして，第三に，人間としての在り方生き方を考究するさいに，公共では，「幸福，正義，公正」等が，倫理では，「真理，善，美，正義」等が，特別活動では，「『人間関係形成』，『社会参画』，『自己実現』」が重視されるという視点の違いがあること，である（文部科学省 2019b：8，26，2019d：7）。

（4）カリキュラム・マネジメントを基点とした道徳教育の課題

　これまでの検討を踏まえ，カリキュラム・マネジメントの一環として行われる教育課程の編成という観点から，これからの道徳教育の在り方を探究するための課題として，何が挙げられるだろうか。

　一つ目は，児童・生徒・学生と教員という立場の違い（学校教育への関わり方の違い）を念頭に置き，教育課程の深層と表層という重層性を見据えつつ，学校での教育活動の中核を担う教育計画に，道徳教育をどのように組み込んでいくのか，という課題である。二つ目は，社会に開かれた教育課程という新しい学習指導要領の理念のもと，チームとしての学校という基本方針に従って，学校が中心となって家庭や地域と築いていく信頼関係と互恵性に立脚した道徳教育をどのように実現していくのか，という課題である。そして，最後の三つ目は，カリキュラム・マネジメントの教科等横断的な視点を意識して編成される教育課程に，道徳教育をどのように要として位置付け（中核的な指導の場面として位置付け）ていくのか，という課題である。

　私たちに残された紙幅で，これら三つの課題に答えを与えることは難しい。そこで，これらの課題の解決に向けた一歩を踏み出すための，そしてまた，本章の目標である道徳教育からカリキュラム・マネジメントの考えを，いっそう深めていくためのアイデアを提示したい。

　すでに確認したように，カリキュラム・マネジメントの狙いは，社会に開かれた教育課程という理念のもとで，学校・家庭・地域が連携・協働して，教育活動の質の向上を図ることであった。また，道徳教育の狙いは，自立した一人の人間として他者と共によりよく生きるための基盤となる道徳性を育成することであった。この二つの狙いを関連付けることはできないだろうか。

　次の問いから始めよう。なぜ，自立した一人の人間として他者と共によりよく生きようとすることが，道徳教育の狙いになるのか。その理由はこうだ。道徳教育が，「人間は，個人として相互に尊重されるべき存在であるとともに，対話を通して互いの様々な立場を理解し高め合うことのできる社会的な存在である」（文部科学省 2019b：39）という人間観に根差しているからだ，と。だが，一切の区別なく，全ての人間を尊重できる者になることも，対話を通して互いに高め合うことのできる者になることも容易ではない。なぜか。それは，私たちの誰もが「自己本位に陥りやすい」という弱さをもっているからだ。この弱さとは，私たちが自分の「ものの見方や考え方にとらわれ」，自分とは異なる意見や立場を受け入れなかったり，考え方を尊重しなかったりという「過ちを犯しやすい」，ということである。それゆえ，特別の教科である道徳では，子どもたちがこの弱さと向き合い，自身への謙虚さと他者への寛容を身に付けるための学びが求められることになる（文部科学省 2018b：48-49，2018d：42-43）。

　では，この学びをさらに豊かなものにし，学びの質を向上させるために，学校が家庭や地域と連携・協働することで初めて可能になるような工夫を案出できないだろうか。

　今，取り上げた弱さは，特別の教科である道徳の内容項目「相互理解，寛容」において，小学校第3学年及び第4学年の10歳頃の子どもたちが取り組む学びである。ここで考えてみてほしい。大学生の20歳前後のあなたを初め，あなたの周りにいる大人のなかで，この弱さに気付き，謙虚さと寛容をしっかり

と身に付けられている，と胸を張っていえる者がどれだけいるだろうか。おそらく，そう多くはあるまい。このことを踏まえて，次のような仕方での子どもたちとの対話を提案したい。それは，教員だけでなく，家庭や地域の大人たちが，この道徳性を十分に身に付けられていないことを正直（しょうじき）に認めた上で，どうすれば身に付けられるようになるのか，子どもたちと対等の立場から行う対話である。弱さと向き合い，謙虚さと寛容を身に付けることの難しさを大人たちが率先して認め，子どもたちと正直（せいちょく）に向き合うことから始まる対話を通じた学びという工夫，これが道徳教育からカリキュラム・マネジメントの考えを深めていくための一つのアイデアである。このアイデアを参考に，今度は，道徳教育からカリキュラム・マネジメントの考えを深めていくための，あなたなりの道を拓いていってほしい。

学習課題

（1）学習指導要領及びその解説を読み，道徳教育の目標，内容と指導の在り方を押さえつつ，学校教育での道徳教育の位置付けについて，自分なりに考えてみよう。

（2）よりよい道徳教育を実現するために，カリキュラム・マネジメントの三つの側面を，具体的に，どのように生かすことができるだろうか。みんなで話し合ってみよう。

引用・参考文献

文部科学省（2018a）『小学校学習指導要領（平成29年告示）解説　総則編』東洋館出版社.

文部科学省（2018b）『小学校学習指導要領（平成29年告示）解説　特別の教科　道徳編』廣済堂あかつき.

文部科学省（2018c）『小学校学習指導要領（平成29年告示）解説　総合的な学習の時間編』東洋館出版社.

文部科学省（2018d）『中学校学習指導要領（平成29年告示）解説　総則編』東山書房.

文部科学省（2018e）『中学校学習指導要領（平成29年告示）解説　特別の教科　道徳編』教育出版.

文部科学省（2018f）『中学校学習指導要領（平成29年告示）解説　総合的な学習の時

間編』東山書房.

文部科学省（2019a）『高等学校学習指導要領（平成30年告示）解説　総則編』東洋館出版社.

文部科学省（2019b）『高等学校学習指導要領（平成30年告示）解説　公民編』東京書籍.

文部科学省（2019c）『高等学校学習指導要領（平成30年告示）解説　総合的な探究の時間編』学校図書.

文部科学省（2019d）『高等学校学習指導要領（平成30年告示）解説　特別活動編』東京書籍.

（島田喜行）

カリキュラム・マネジメントの考えを深めるために（2）
カリキュラム・マネジメントと総合的な学習の時間

　　2008（平成20）年に改訂された『学習指導要領』によって，「総合的な学習の時間」（以下，「総合的な学習」）は削減された。2017（平成29）年の改訂においても教科の授業を重視する傾向に大きな変化は見られなかった。一方，大学の教職課程では，平成30年度の入学生から，「総合的な学習の時間の指導法」が「各科目に含めることが必要な事項」とされ，授業が始められている。これまで「総合的な学習」の指導については，「教育方法」や「教育課程」などに関わるいくつかの授業の中であつかわれてきた。改めて１つの授業として扱われることになったのは，現場での「総合的な学習」の計画・運営の難しさを示しており，「カリキュラム・マネジメント」の視点からも「各教科などとの関連」が求められている。

　　「総合的な学習」の意義や必要性は強く叫ばれてはいるが，その実態は決して円滑に実践されているとはいえない。これまで様々な実践が蓄積されてきている。しかし個々は素晴らしい実践であってもそれらが現場に広がりを持つことは少なかった。今後，「総合的な学習」が多くの学校で円滑に運営されるためには，これまでの実践をふまえた新しい実践が求められている。そこで，本章では，筆者が教員としてかかわった，京都教育大学附属桃山中学校における「総合的な学習」についての取り組みを創設時から整理することで，もう一度「総合的な学習」を，カリキュラム・マネジメントの視点から検討したい。

1　「総合的な学習の時間」の創設

（1）「生きる力」と「総合的な学習の時間」

　京都教育大学附属桃山中学校（以下附桃中と略す）で総合的な学習が始まったのは，1997（平成10）年度からである。この年の学習指導要領の改正に先駆けて，第15期中央教育審議会の第１次答申とそれに続く教育課程審議会の「中

間まとめ」などにおいて「総合的な学習の時間（仮称）」の概略が示されていた。この答申は，この後に大きなキーワードとなる「生きる力」が初めて示されたものである。そして，この「生きる力」をはぐくむためには「横断的・総合的な学習」が必要であることが述べられていた（文部科学省 1996）。また，「中間まとめ」では，「総合的な学習の時間（仮称）」について，先の答申に加えて，「ねらい」「位置付け」などが示されていた。これらの内容を検討することから附桃中の「総合的な学習」の構想は始まった（京都教育大学附属桃山中学校 1997）。

　研究指定を受けている一部の先進校を除き，この時点で「総合的な学習」を行っている学校は少なく，繰り上げ実施も視野に入れて，大きな改正に向けての準備が多くの学校で始まっていった。

　先の「中間まとめ」の中には，総合的な学習の「ねらい」として「自己学習力の育成」「学び方やものの考え方の習得」「身につけた知識や技能の総合力の育成」があげられており，「学習方法」が重視されていた。そのため構想を進める中で議論の中心になったのが，「学習方法を学ぶ」という学習の進め方であった。それまでの中学校の授業では，そのほとんどが「内容重視」であり，「学習方法」は学習の結果として学ぶということが多かった。部分的には「学習方法」を指導することはあっても，多くの場合は内容の理解より優先されることはなかった。

　もう1つの問題は，学習の「積み重ね」をいかに保証するかであった。全国の附属学校などでは様々な形で先行研究を行っており，発表や報告が行われていた。附桃中においてこれらを整理すると，学年を主体とした「総合的な学習」では，内容や方法について「積み重ね」が進みやすいことがある。一方，テーマや課題は事前設定されていることが多く，生徒が選択する幅は狭められることがわかった。

（2）「総合的な学習の時間」の様々な取り組み

　このころ，いわゆる「研究指定校」では「学校裁量の時間」を利用した様々な取り組みが行われており，それが「総合的な学習」の先行研究となっていた。

それらの実践を大まかに分類すると以下のようになった。

●生徒の「選択」を優先し，様々なテーマの中から生徒自身の選んだ学習を比較的長い時間をかけて学習するもの。

●様々な「学習内容」や「学習方法」を指導計画の中に位置づけて，マトリックスとして，学年や学習時期を分配し学習するもの。多様な内容や方法を学習することができるが，1つのテーマに充てられる時間は少ない。

●先の2つの中間に位置するようなもので，学年や学級で「環境」や「福祉」など1年間の大きなテーマが決められている。授業の内容は，細かいテーマを順に学んだり，課題探究を行ったりなど，先の2つの方法を取り混ぜたようになっている。

滋賀大学附属中学校の「BIWAKO タイム」という「総合的な学習」は，琵琶湖を対象として異学年で編成された小グループが探究学習を進めるというものである。「環境」だけでなく，「文化」に関わるようなものを含めたテーマから，琵琶湖について様々な形でアプローチを行う探究学習である。

また，京都教育大学附属京都中学校（当時）は，1年生から順に「環境」「国際理解」「福祉」と決められた内容を学習していく。最初はすべての生徒，集団が同じように学ぶが，学年が進むにつれて，自由な探究ができるように設計されている。

これらの学校は，「琵琶湖」という地域の教材があったり，海外の学校との交流という学校独自の取り組みがあったりしているため「総合的な学習」を計画しやすかったともいえる。多くの学校の場合は，テーマなどを絞ることができず，様々な内容や方法を扱うことにより，指導計画ではまんべんなく配置されてはいるが，「網羅的」に内容や方法を学ぶような「総合的な学習」を行う場合が多かった。

2　「総合的な学習の時間」の変遷

（1）「ゆとり教育」と「総合的な学習の時間」

　1977（昭和52）年の『学習指導要領』の改訂により，「学校裁量の時間」いわゆる「ゆとりの時間」の教育活動が各学校の取り組むべき課題となった。先行的な研究を行っていた学校では，「総合」という名称こそ使われていないものもあった。なかには，早くから教科の枠組みにとらわれない取り組みが行われていた。

　一方で多くの学校では，週4時間（小学校5年生以上の学年の場合）の内容をどのようなものにするのかはなかなか決められない状況であった。積極的にカリキュラムをつくるということも行われてはいたが，多くの学校では，「学級活動」や「生徒会活動」，「部活動」など特別活動の時間にあてたり，様々な名称をつけて「補充授業や基礎的な学習」を行う時間にあてられていたりしたのが実態であった。

　このような問題は，「総合的な学習」を考える上でも同じように存在した。カリキュラムを「つくる」のではなく，「うめる」という考え方は先の「配置する」とも共通で，細かい数字合わせになりがちである。いくつかの学校では「網羅的」になってしまった「総合的な学習」が「ゆとりの時間」と同じ問題を抱えることになった。

（2）「総合的な学習の時間」と「学力低下」

　1990年代の後半より「学力低下」や「学力崩壊」などという「危機」が叫ばれ，これに関わる論争が繰り広げられてきた。1998（平成10）年に出された「学習指導要領」は当初より批判があったが，これに替わる「学習指導要領」も発表され，「ゆとり教育」は後退を余儀なくされた。論争されてきた「学力問題」では何が論点にされていたのか，どのような改善策が提案されたのかは不明のまま，「授業時数」と「教科の内容」が増えるという結論が出されたというのが正直な状況だった。

ここでは，論争を概観し，この時の「学力問題」が何を論点としていたのか，明らかにしたい。

　京都大学経済学部教授西村和雄氏らの問題提起をきっかけに始まった論争は，「大学生の学力低下」が問題とされ，その原因は「大学入試制度」にあるというものであった。特にその「少科目」が受験生の負担軽減という名のもとに，数学領域に関する大学生の学力低下を招いているというものであった。また，大学での「教養課程」が解体されていったことへの批判も加わっていた。

　大学生，特に国立大学など有名大学の学生の中に小学校レベルの「分数や小数の四則計算」を間違うものが1割から2割あったという事実は衝撃的であった。また，これらの問題提起に対して政財界などから多くの賛同や支持があったことも事実である。

　この問題提起が「ゆとり教育」に反対する運動となっていった経緯には，恣意的なものを感じるが，当初「大学」の問題であったものが，「ゆとり教育」を争点とする「義務教育」の問題となっていった。この間，1998（平成10）年12月に学習指導要領が告示され，「ゆとり」と「生きる力」をキーワードに教育改革が進められることになった。

　これとは別に，2003年に実施された「OECD生徒の学習到達度調査（PISA）」の結果が報告され，「読解力」などを中心に日本の生徒の学力低下が指摘された。この影響を受けて，文部科学省は2003（平成15）年12月「学習指導要領」の一部を改正した。このころから「確かな学力」というキーワードが使われるようになっている。この他にも日本の児童・生徒の学力が低下しているという根拠に使われた調査はいくつかある。数字をどのように解釈するのかはそれぞれの研究者などで違いはある。しかし，これだけの数字が示している以上は日本における「学力低下」は否めなかった。

　このようなことから，2007（平成19）年に「学習指導要領」が改訂された。教科の内容が復活し授業時間が拡大された。この流れは，「学力低下」に対応するために，従来からの「ゆとり」と「生きる力」をキーワードとした教育改革が見直され，教科内容の系統性を重視する方向に学校教育が進められていくこになったという見方がある。「ゆとり教育」に対する風当たりは，以後厳し

いものとなった。

（3）「総合的な学習の時間」の使い方

　ここまで見てきたように，「総合的な学習」のカリキュラムの編成や授業づくりにおいては，さまざまな意見や批判がなされていた。始まる前から，「ゆとりの時間」との関係や「生きる力」の解釈などが問題にされ，学校内でさえ「総合的な学習」の目標を焦点化することができない場面もあった。

　さらに，「学力低下」が様々な点から指摘され，「ゆとり教育」という教育の方向性についても見直しが求められ，「総合的な学習」の授業時間の削減につながっていった。

　このような経過の中で，「総合的な学習」はどのように取捨選択されていったのかを附桃中の取り組みを通して附桃中の「総合的な学習」の全体としてのねらいは，生徒の選択を保障しながら，学習の内容や方法を深めることで，このために，タイプの異なる「総合的な学習」を並行して行うことになった。

　今日的な課題，たとえば「国際理解」や「環境」は課題自体が総合的で多様な学びを要求しているという認識から，「総合的な学習」においても同一の課題に対して様々な方法・角度・手段からのアプローチを試みることが望ましいと考えた。

　以上のようなことから附桃中では，「学び」の内容と方法の両面からの質的なレベルアップをめざし，同一課題に対して，学年ごとに学習を積み上げる学年進行型の学習と異学年混在型の学習の2つのアプローチを試みる「総合的な学習」を構想することになった。これらが後に示す「共通必修」と「選択応用」である。

　先に述べたように，2つの学習を並行させる中で，内容は継続的に積み重ねられなければならず，そのためにはこれまでの附桃中の研究成果や実践をベースにする必要があった。そこで，「環境」「国際理解」「福祉・健康」の3つを「系」と呼び，基本的な学習のテーマとした（のちに「生き方」が設定された）。各教員はこのいずれかに属して，「系」の3年間のカリキュラムを検討することになる。

図8-1 総合的な学習の時間の構造

（出所）京都教育大学附属桃山中学校（2012）。

【本校の総合的な学習の時間の割り振り】

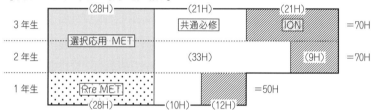

【学期配当】

	1学期（12週）	2学期（14週）	3学期（9週）	
1年	ION 12H	PreMET 28H	共通必修 9H	
2年	共通必修 24H	MET 28H	ION 9H	共通必修 9H
3年	共通必修 12H	ION 12H	MET 28H	ION 9H	共通必修 9H

※数字は時間数を表す

図8-2 総合的学習の時間の授業数（初期）

（出所）京都教育大学附属桃山中学校（2012）。

附桃中の「総合的な学習」は3つの学習から構成されている（図8-1，8-2）。

　共通必修：学年ごとに行われる学習。各「系」の目標や内容を踏まえて，全生徒が共通して学習する内容と方法を設定する。クロスカリキュラムなど教科を中心とした授業や，学級などの特別活動として行う場合がある。

　選択応用：本校では「MET（Momoyama Explorer's Time の頭文字）」と呼んでいる。授業は異学年混在，縦割りで行われる。生徒は3つの「系」の中に設定される「コース」から自由に選択する（定員を越えると抽選）。共通必修では行えない

「総合的な学習」を行う。毎年15程度の「コース」が設定され，2学期を中心に学習が進められている。時間数は，オリエンテーションやまとめまで含めて28時間，通常の活動期間の授業は，2時間続きで行われている。

　このほかに，「情報」の授業（ION）が別に設定されている。

（京都教育大学附属桃山中学校 2012）

　このような形で始められた「総合的な学習」であるが，その後の学習指導要領の改訂により「総合的な学習」の時間が削減されたため，カリキュラムの見直しが進められている。しかし，MET については，以前からの28時間を基本とした学習が続けられている（表8-1）。

　全生徒が学ぶ「共通必修」は，授業時間の削減に伴い，一部は行われなくなり，また一部は教科や特別活動などの時間に行われるようになった。これらは，決められた時間数を「うめる」ために網羅的にさまざまな内容や方法を取り入れたため，それぞれの授業が不十分なものになったという反省もあった。

表10-1　MET の授業計画

日程	時数	主な内容	
第1回	1	全体オリエンテーション	全体で説明を聞く
第2回	2・3	コース別オリエンテーション	各コースに分かれて，学習計画を立てる準備を行う。
第3回	4・5	グループ別 課題設定	グループごとの活動 校外での活動（見学・調査） 図書室やPC教室
〜	〜	体験学習 調査活動 講演	
第11回	18・19	整理 検討	
第12回	20・21	発表準備 まとめ作り	
第13回	22・23	コース別発表会	各グループの発表
第14回	24〜27	全体発表会	代表による発表
第15回	28	まとめ	振り返りと自己評価

3 「総合的な学習の時間」とカリキュラム・マネジメント
——カリキュラムとしての「総合的な学習の時間」の課題

　『学習指導要領　解説』では,「総合的な学習の時間においては, 探究的な学習の過程を一層重視し, 各教科等で育成する資質・能力を相互に関連付け, 実社会・実生活において活用できるものとするとともに, 各教科等を越えた学習の基盤となる資質・能力を育成する」と, 今回の改訂についての基本的考え方を示している。

　平成29年に公示された小・中学校の『学習指導要領』では, この考え方をもとにして, 総合的な学習の時間の目標が改訂された。

第1　目標

　探究的な見方・考え方を働かせ, 横断的・総合的な学習を行うことを通して, よりよく課題を解決し, 自己の生き方を考えていくための資質・能力を次のとおり育成することを目指す。

（1）探究的な学習の過程において, 課題の解決に必要な知識及び技能を身に付け, 課題に関わる概念を形成し, 探究的な学習のよさを理解するようにする。

（2）実社会や実生活の中から問いを見いだし, 自分で課題を立て, 情報を集め, 整理・分析して, まとめ・表現することができるようにする。

（3）探究的な学習に主体的・協働的に取り組むとともに, 互いのよさを生かしながら, 積極的に社会に参画しようとする態度を養う。

　この内容を以前のものと比較すると,「探究」が意識されていることがよくわかる。これまでの『学習指導要領』では,「目標」は以下のようなものであった。

　横断的・総合的な学習や探究的な学習を通して, 自ら課題を見付け, 自ら学び, 自ら考え, 主体的に判断し, よりよく問題を解決する資質や能力を育成するとともに, 学び方やものの考え方を身に付け, 問題の解決や探究活動に主体的, 創造的, 協同的に取り組む態度を育て, 自己の生き方を考えることができるようにする。

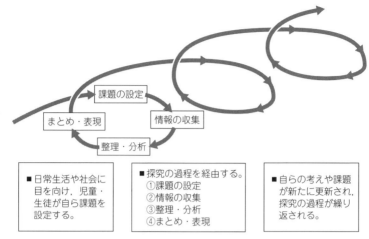

図8-3　探究的学習における生徒の学習の姿

（出所）『中学習指導要領解説　総合的な学習の時間編』。

　現行の目標（2）に，「自分で課題を立て，情報を集め，整理・分析して，まとめ・表現する」という探究のプロセスが明記されたことは，「探究的な学習活動」が，「総合的な学習」において非常に重要なものとして改めて位置付けられたと考えられる。

　現行の『学習指導要領』では，「探究的な学習活動」を具体化するために，「探究的学習における生徒の学習の姿」が明示され，「課題の設定」→「情報の収集」→「整理・分析」→「まとめ・表現」という活動が，発展的に何度も繰り返されていく（図8-3）。そして，この活動の中で探究的な見方・考え方を働かせることを求めている。これには，二つの要素があり，「一つは，各教科等における見方・考え方を総合的に働かせるということ」，「二つは，総合的な学習の時間に固有な見方・考え方を働かせること」とされている。

　また，このような学習活動を行う上で，「考えるための技法」の活用と事例を紹介している。技法には，「順序付ける」「比較する」など10の例を挙げている。これらは「見方・考え方」を通して，教科と「総合的な学習」を結びつけるポイントとなるものといえる。

　今回の改訂において，「総合的な学習の時間」の重要性が再認識されている。

一方，その授業時間は削減された状況にある。このような中で，「探究的な学習」に取り組んでいくためには，ある程度の授業時間が必要になっている。そのためには「探究的な活動」を繰り返すことが肝要であるといえる。時間合わせの教材の「配置」で網羅的な学習になることは避けなければならない。

学習課題

（1）学習指導要領及びその解説を読み，「探究的な学習」について，そのポイントを自分なりにまとめてよう。

（2）自分たちが経験した「総合的な学習の時間」の内容について，特徴や感想を出し合い，よりよいものへ改善するための方策を話し合おう。

引用・参考文献

京都教育大学附属桃山中学校（1997）研究論集1997.

京都教育大学附属桃山中学校（2012）附属桃山中学校の総合的な学習の時間 MET 学習のまとめ.

文部科学省（1996）「第15期中央教育審議会　第一次答申」『21世紀を展望した我が国の教育の在り方について』平成 8 年 7 月．（https://www.mext.go.jp/b_menu/shingi/chuuou/toushin/960701.htm）（2022/11/ 3 閲覧）

文部科学省『小学校学習指導要領（平成29年告示）解説　総合的な学習の時間編』（2017年 7 月）.

文部科学省『中学校学習指導要領（平成29年告示）解説　総合的な学習の時間編』（2017年 7 月）.

（田中曜次）

第9章

カリキュラム・マネジメントの考えを深めるために（3）
カリキュラム・マネジメントと学習評価

　　　　現行学習指導要領は従前のものと比べて，児童生徒に身につけさせる
　　べき資質・能力についての見解を新たにしているところがある。新たに
　　「学習評価の充実」を述べるようにもなっている。それでは，具体的に
　　どのような学習評価が求められているのか。
　　　　今回の学習指導要領改訂で強調されていることの一つとして「カリキ
　　ュラム・マネジメント」がある。それをふまえたうえでの学習評価はど
　　うあるべきか，学習評価を行うことを教員の指導の改善につなげるとは
　　どういうことか
　　　　学習評価を行う書類は通知表，指導要録，調査書（内申書）の3種が
　　存在する。高校入試における調査書，大学入試と高大接続に関してはど
　　のような現状があるのか。どのような議論が行われているのか。たとえ
　　ば高校での学習の目標と大学入試の際に行われる評価との関係は整合的
　　であるのだろうか。

1　学習評価とは

　子どもの学習状況の改善のために，学習評価は不可欠である。なお，教育評
価（学校評価や教員評価などを含んだより広い概念）という用語が使われるこ
とも多いが，本節では学習指導要領の用語に従い「学習評価」を使うこととす
る。
　学習評価を機能別に分類すると，診断的評価，形成的評価，総括的評価に分
類される。診断的評価とは学年の初めや授業のはじまりにおいて，生徒がすで
にどの程度の学力をもっているかなどを評価することをさす。形成的評価とは
授業の過程において学力がねらい通りに定着しているかなどを評価することを
さす。教師が自分の指導を途中で改善するために行うところがある。総括的評
価は単元修了時や学期末，学年末にこれまでを総括するために評価することを

さす。

　現在のところ学校で総括的評価に関する文書は３種ある。法令に根拠がない
が慣習として各学校でだされている「通知表」，学校教育法施行に規定のある
「指導要録」（学校教育法施行規則第24条により，校長に作成義務がある。各学
校に保存され，また生徒の進学，転学のときには進学先，転学先に送付され
る。），及び「調査書」（「内申書」と呼称されることが多い。学校教育法施行規
則第90条により，高等学校入学者選抜のための資料として作成される）である。

2 学習指導要領と学習評価

（1）資質・能力の明確化について

　2017（平成29）年版学習指導要領では，育成すべき「資質・能力」の明確化
が行われた。教育課程全体を通して育成を目指す資質・能力は，以下の３つに
まとめられている。

> ア「何を理解しているか，何ができるか」（生きて働く「知識・技能」の習得）
> イ「理解していること・できること」をどう使うか（未知の状況にも対応できる
> 　「思考力・判断力・表現力等」の育成）
> ウ「どのように社会・世界に関わり，よりよい人生を送るか（学びや人生や社会に
> 　生かそうとする「学びに向かう力・人間性等」の涵養）

　３つの柱にかかわることが「偏りなく」育成されることが求められている。
さらに，教科によって言い方が若干異なるところがあるが概ね，習得すべき
「知識・技能」および「思考力，判断力，表現力等」については，各教科の単
元ごとに明確化されるようになった。

　一例を挙げると，中学校社会科（公民的分野）の「C私たちと政治」の
「（1）人間の尊重と日本国憲法の基本原則」を見ておこう。そこで習得するべ
き「知識」「思考力，判断力，表現力等」について以下のように述べている。

> ア　次のような知識を身に付けること。
> （ア）人間の尊重についての考え方を，基本的人権を中心に深め，法の意義を理解
> 　　　すること。
> （イ）民主的な社会生活を営むためには，法に基づく政治が大切であることを理解
> 　　　すること。
> （ウ）日本国憲法が基本的人権の尊重，国民主権及び平和主義を基本的原則として
> 　　　いることについて理解すること。
> （エ）日本国及び日本国民統合の象徴としての天皇の地位と天皇の国事に関する行
> 　　　為について理解すること。
>
> イ　次のような思考力，判断力，表現力等を身に付けること。
> （ア）我が国の政治が日本国憲法に基づいて行われていることの意義について多面
> 　　　的・多角的に考察し，表現すること。

　上記の分野についての学習の評価であれば，上記のような「知識」および「思考力，判断力，表現力等」が評価されるように，評価方法を工夫することが求められている。たとえば，日本国憲法に基づく「三権分立」について単に断片的な知識の有無だけをみるのであれば，容易にテストできる。しかし，三権の関係がどのようにあるか，何のための三権分立であるか知識をつかって思考して表現できる力をみるとなると，そうはいかない。出題の工夫が今後求められる。

　「多面的・多角的に考察」という語句は，社会科学習指導要領で頻繁に登場している。たとえば複数の資料をもとに考察させる，複数の立場から考察させるなど，社会的事象を多面的・多角的に考察するための指導が求められる。政治制度であれば，明治憲法の制度や外国の制度との比較をすることなどが多面的・多角的な見方の一つとなるであろう。

　「学びに向かう力，人間性等」に関しては単元ごとには明記されていないが，公民的分野としては以下の目標を掲げている。

> 　現代の社会的事象について，現代社会に見られる課題の解決を視野に主体的に社

会に関わろうとする態度を養うとともに，多面的・多角的な考察や深い理解を通して涵養される，国民主権を担う公民として，自国を愛し，その平和と繁栄を図ることや，各国が相互に主権を尊重し，各国民が協力し合うことの大切さについての自覚などを深める。

「学びに向かう力・人間性等」に示された資質・能力には，感性や思いやりなど幅広いものが含まれるが，これらは観点別学習状況の評価になじむものではない（中央教育審議会 2016）。上記でいえば「自国を愛し」などは児童生徒の内心の自由ともかかわり，評価の対象となるものではないであろう。

　主権者教育にかかわる資質・能力としては，社会科（公民的分野）だけでなく，道徳における「遵法精神，公徳心」「公正，公平，社会正義」や特別活動における「学級や学校における生活づくりへの参画」，あるいは他教科での主権者教育とかかわる課題についてなどで習得することでもある（中学校学習指導要領解説　総則編：208-209）。

　ゆえに，各教員が担当教科以外や自分の校種以外もふくめて，児童・生徒に育成すべき「資質・能力」についての全体的な理解が求められる。それゆえ，「教育の目的や目標の実現に必要な教育の内容等を教科等横断的な視点で組み立てていくこと」というカリキュラム・マネジメントの視点が求められることとなる。

　また，学習評価を「子供の学びの評価にとどまらず，『カリキュラム・マネジメント』の中で，教育課程や学習・指導方法の評価と結び付け」（中央教育審議会 2016；中央教育審議会初等中等教育分科会教育課程部会 2019）ることや，「教師の指導改善にもつながるものにしていく」（文部科学省初等中等教育局長 2019）ことも求められている。

3　学習指導要領における「学習評価の充実」

　1998（平成10）年版および2008（平成20）年版学習指導要領では，下記のうち「児童（生徒）のよい点や進歩の状況」についての記述が「指導計画の作成等

に当たって配慮すべき事項」に記載されていただけであったのが，2017（平成29）年版学習指導要領では独立して「学習評価の充実」の項目が立てられている。

（1）指導の評価と改善

児童（生徒）のよい点や進歩の状況などを積極的に評価し，学習したことの意義や価値を実感できるようにすること。また，各教科等の目標の実現に向けた学習状況を把握する観点から，単元や題材など内容や時間のまとまりを見通しながら評価の場面や方法を工夫して，学習の過程や成果を評価し，指導の改善や学習意欲の向上を図り，資質・能力の育成に生かすようにすること。

（2）学習評価に関する工夫

創意工夫の中で学習評価の妥当性や信頼性が高められるよう，組織的かつ計画的な取り組みを推進するとともに，学年や学校段階を超えて生徒の学習の成果が円滑に接続されるように工夫すること。

（1）指導の評価と改善について

　「児童（生徒）の良い点や進歩の状況などを積極的に評価」とは，一つは児童（生徒）の得意なことを積極的に評価すべきということを意味する。もう一つは，児童（生徒）の学習成果の前日，前月，一年前と比べた「進歩の状況」に着目する，他者との比較ではなくあくまで「個人内における変化」に注目することを意味する。「50m 走のタイムを縮めることができるようになった。」「文字を書くことが上手になった。」などがそれにあてはまるであろう。

　「学習したことの意義や価値を実感できるようにすること」は今回の学習指導要領改訂で追記された文言である。これまでの教育実践が「学習の意義や価値を実感」しにくいものもあったということの，注意喚起ととることもできるであろう。

　学習の「過程や成果を評価し，指導の改善を行うとともに，学習意欲の向上に生かす」ことは1989年（平成元）年版学習指導要領から，言われ続けていることである。その改訂の時期から「関心・意欲・態度」を重視するといういわゆる「新学力観」が提唱されている。

2017年版学習指導要領をうけて，2019年に文部科学省は指導要録の「参考様式」を改訂しているが，「関心・意欲・態度」が「主体的に学習に取り組む態度」と呼称を改めることになった。「関心・意欲」とは個人の内面にかかわることであり，客観的に評価することが難しいという問題があった。たとえば，「挙手回数」で評価されるゆえに，「学習意欲はあるが発言をためらう生徒」が評価されないなどということが生じた。「主体的に学習に取り組む態度」は「粘り強い学習を行おうとする側面」「自らの学習を調整しようとする側面」からみられるとされる（国立教育政策研究所教育課程研究センター 2019）。「態度」という見えにくいものを評価しなければならないことには変わらないことに留意しなければならない。

（2）「妥当性」と「信頼性」について

2017年学習指導要領より，「学習評価の妥当性と信頼性」について書かれるようになった。評価の「妥当性」とは，評価したいものを本当に評価することができているかということ，信頼性とは評価結果の精度や安定性（異なる採点者であっても同じような採点結果となるか）を指す。

学習評価はどのように行うかは，教師が学習評価をすることを通しては，どのような学力が求められているかが生徒に伝わることでありことから，妥当性の高い評価が求められる。「知識・技能」それも習得した「知識の量」を評価することにくらべ，「思考力・判断力・表現力」さらに，「学びに向かう力，人間性」を評価するとなると常に安定した評価が難しくなることに留意しなければならない。

4　学習評価に関する文書とカリキュラム・マネジメント

通知表に関しては法令で定められている書類ではないこともあり，様式や名称（通知表，通知票，あゆみ，など）も様々である。公的な文書である指導要録の形式とリンクされていることが多い。通知表は子ども，保護者に配布するものであるから，指導のための機能を果たすものとして作成されているところ

がある。

　指導要録に関しては文部科学省が「参考様式」をだしている。学習指導要領の改訂をうけて「参考様式」も改められている。「参考様式」を文字どおり参考にして，各教育委員会や各学校でフォーマットが作成され，それに記入する形で書類が作成されることとなる。

（1）指導要録の様式（小学校を中心に）

　指導要録は，文部科学省が「参考様式」というフォーマットを作成している。これに基づいて教育委員会が各管轄区域のフォーマットを作成することになる。2017年には小学校，中学校のみならず高校の参考様式が作成されてそれぞれ「観点別評価」が導入された。小学校用の参考様式は図9‒1のとおりである。

　各教科はすべて3観点別からなる学習状況の評価が求められることに今回改められた。それぞれ，「十分満足できる」「おおむね満足できる」「努力を要する」によって，ABCの3段階評価となる。教科の評定としては，小学校で3段階，中学，高校は5段階で評価される。教科の評定は，3つの観点別評価の状況から算出する（たとえば3観点がAABという評価であれば，5段階評価は4となるなどと）という方法が考えられる（岡山県総合教育センター 2020）。

　一方で「特別の教科　道徳」「外国語活動」「総合的な学習の時間」および「総合所見及び指導上参考となる諸事項」には文章記述による評価が求められている。「特別活動の記録」「行動の記録」に関しては，「十分に満足できる状況にある場合，○をつける」という評価方法である（文部科学省初等中等教育局長 2019）。

　児童生徒を総合的に見ることが求められるのは，特に「行動の記録」および「総合所見及び指導上参考となる諸事項」である。「個人内評価」を含めて，学習や行動について，進歩の状況の様子を記述することとなる。今回の改訂で「精選して文章で箇条書き等により端的に記述する。」となった。教師の負担過剰を避けるためとみられる。評価にコストがかかりすぎるという問題にも気をつけなければならない。

様式2（指導に関する記録）

児 童 氏 名	学 校 名	区分＼学年	1	2	3	4	5	6
		学　級						
		整理番号						

各 教 科 の 学 習 の 記 録

教科	観　点 ＼ 学　年	1	2	3	4	5	6
国語	知識・技能						
	思考・判断・表現						
	主体的に学習に取り組む態度						
	評定						
社会	知識・技能						
	思考・判断・表現						
	主体的に学習に取り組む態度						
	評定						
算数	知識・技能						
	思考・判断・表現						
	主体的に学習に取り組む態度						
	評定						
理科	知識・技能						
	思考・判断・表現						
	主体的に学習に取り組む態度						
	評定						
生活	知識・技能						
	思考・判断・表現						
	主体的に学習に取り組む態度						
	評定						
音楽	知識・技能						
	思考・判断・表現						
	主体的に学習に取り組む態度						
	評定						
図画工作	知識・技能						
	思考・判断・表現						
	主体的に学習に取り組む態度						
	評定						
家庭	知識・技能						
	思考・判断・表現						
	主体的に学習に取り組む態度						
	評定						
体育	知識・技能						
	思考・判断・表現						
	主体的に学習に取り組む態度						
	評定						
外国語	知識・技能						
	思考・判断・表現						
	主体的に学習に取り組む態度						
	評定						

特 別 の 教 科 道 徳

学年	学習状況及び道徳性に係る成長の様子
1	
2	
3	
4	
5	
6	

外 国 語 活 動 の 記 録

学年	知識・技能	思考・判断・表現	主体的に学習に取り組む態度
3			
4			

総 合 的 な 学 習 の 時 間 の 記 録

学年	学 習 活 動	観　点	評　価
3			
4			
5			
6			

特 別 活 動 の 記 録

内　容	観　点 ＼ 学　年	1	2	3	4	5	6
学級活動							
児童会活動							
クラブ活動							
学校行事							

児童氏名

行　動　の　記　録													
項　目 ＼ 学　年	1	2	3	4	5	6	項　目 ＼ 学　年	1	2	3	4	5	6
基本的な生活習慣							思いやり・協力						
健康・体力の向上							生命尊重・自然愛護						
自主・自律							勤労・奉仕						
責任感							公正・公平						
創意工夫							公共心・公徳心						

総　合　所　見　及　び　指　導　上　参　考　と　な　る　諸　事　項		
第1学年		第4学年
第2学年		第5学年
第3学年		第6学年

出　欠　の　記　録						
＼区分 学年＼	授業日数	出席停止・忌引等の日数	出席しなければならない日数	欠席日数	出席日数	備　考
1						
2						
3						
4						
5						
6						

図 9-1　小学校指導要録参考様式（平成29年）

（出所）文部科学省 HP　https://www.mext.go.jp/component/b_menu/nc/__icsFiles/afieldfile/2019/04/09/1415206_1_1.pdf

5 中学校調査書，高校入試と学習評価

　高校入試の際には，学校教育法施行規則第90条の規定により，「学力検査」と「調査書」によって判断される。

　近年には，高校入学者選抜方法の多様化がすすむ傾向がある。公立学校・私立学校ともに推薦入試で入学する生徒が増加している（神谷 2015：173）。ここでは，兵庫県の公立高校入学者選抜の例[1]をみておこう。

　学力検査は「国語」「社会」「数学」「理科」「英語」の5教科で行われる。「音楽」「美術」「保健体育」「技術・家庭」の実技検査で1教科を代替することがある。「学力検査によらない入学者選抜」がある高校，「推薦入学」「成人特例入学者選抜」といった場合もある。

　「推薦入学」は専門教育を主とする学科や特色のあるコースにおいて，面接，小論文，適性検査，実技検査などおよび，中学校からの推薦書，調査書などをもとに総合的に判定される。「特色選抜」を行う高校もある。定員の20%を限度として，面接及び必要に応じて実技検査，小論文が課せられる。「帰国生徒にかかわる推薦入学」「外国人生徒にかかわる特別選抜枠」もある。後者に関しては，「適性検査の題にはルビを振る」という配慮がされている。

　全国で，高校の学区の拡大あるいは撤廃，高校の「多様化」がすすんでいる。選抜方法の「多様化」も進んでいる。成績のみによって進学先を決めるのではなく，それぞれの志望動機や理由をみる方向に動いているといえる。それは，「偏差値輪切り」で進学先を決める弊害を是正する試みである。また，筆記試験によらない選抜方法も一部とられている。それでは，果たして高校教育の前提となる基礎学力をみることができているか，という問題はある。

　中学までに学んだことをどのように高校で，あるいはその後の人生で生かすかということを考慮することが求められている。もっとも，まだ15歳の段階で「やりたいことが決まっていない」生徒は多くいる，あるいは入学後に「やりたいことが変わる」生徒も少なくないという問題も考えられる。

　入試問題が「知識の再生」を求める出題に偏りがちなことが指摘されている[2]。

調　査　書

（様式1）

| 課程・学科 | 全日制・定時制・通信制 | | | | 科 | 受検番号 | |

| 志願者名 （ふりがな） | | | 性　別 （　　） | 学　歴 | 昭和・平成　　年　　月　　日 中学校入学 |
| | 昭和・平成　　年　　月　　日生 | | | | 昭和・平成　　年　　月　　日 中学校卒業・卒業見込み |

各 教 科 の 学 習 の 記 録					出 欠 の 記 録		
評定	教科	1 年	2 年	3 年	学 年	欠席日数	欠席の主な理由
	国　　語				第1学年	日	
	社　　会						
	数　　学				第2学年	日	
	理　　科						
	音　　楽				第3学年	日	
	美　　術						
	保 健 体 育				特 別 活 動 の 記 録 等		
	技術・家庭						
	外 国 語						
参考事項							

上記の記載事項に誤りのないことを証明する。　　　　平成　　年　　月　　日

中学校名

校 長 名　　　　　　　　　　㊞

図 9-2　調査書の例

（出所）兵庫県教育委員会「平成30年度 兵庫県公立高等学校入学者選抜要綱〔様式集〕」https://www.hyogo-c.ed.jp/~koko-bo/H30senbatu/H30youshikisyuu.pdf

1989年の学習指導要領で強調されたいわゆる「新学力観」以来、学力とは知識の量だけではないことが、言われ続けている。一方で、「知識の量」という最も簡単に測定しやすい出題の比率が高いまま続いている。

　兵庫県の調査書の様式は図9-2の通りである。学力検査の成績と調査書の学習評定は1：1に勘案される。ただし、調査書の特別活動、部活動等の記録において顕著な内容がある場合、その内容を各高校の特色に応じて評価して特別に取扱うことができる。高校入試で調査書の割合を高く見る傾向は、1966年の文部省通達以来続いている。

6　高大接続と学習評価

　高校と大学の接続を考えるには、文部科学省は「『学力の3要素』を高校教育で確実に育成し、大学教育で更なる伸長を図るため、それをつなぐ大学入学者選抜においても、多面的・総合的に評価するという一体的な改革を進めていく必要があります[3]」と述べている。高校、大学、入学者選抜を一体化して改革する必要があるといわれる。一方で、それぞれに固有の事情があり、一体化はなかなか実現できないという問題もある。

　高大接続に関しては、2014年12月22日に中央教育審議会が「新しい時代にふさわしい高大接続の次元に向けた高等学校教育、大学教育、大学入学者選抜の一体的改革について」という答申を出している。そこでは、大学入学者選抜に関しては、「各大学のアドミッション・ポリシーに基づく、大学入学希望者の多様性を踏まえた『公正』な選抜の観点に立った大学入学者選抜の確立」が主張された。各大学、学部が「アドミッション・ポリシー」を立てることはすでに行われているが、それにあった入学者選抜を行うことや、入試問題を作成することを実現するには相当なコストが伴う。

　「学力の3要素を十分踏まえた学力評価」に関しては、「思考力・判断力・表現力等」を「公正」に評価するには相当なコストがかかる。まして、受験生の「主体的に学習に取り組む態度」を評価することはさらに難しいと考えられる。数値化されにくい能力を数値化しなければならないという矛盾が存在する。答

申もいうように大学入学者選抜は「知識の記憶力などの測定しやすい一部の能力や選抜の時点で有している能力の評価に留まっていたり，丁寧な評価よりも学生確保が優先される」（中央教育審議会 2014）という現状がある。18歳人口はピーク時の5割〜6割という現状において，とくに私立大学は授業料収入を確保しないかぎり持続できなくなる。そうした中で「丁寧な評価」にコストをかけられないという問題がある。学力以外で選抜されることが増加していること，受験に必要な教科が少数化する傾向もあり，高校教育の空洞化が生じているという問題もある（細尾 2018）。一般選抜，総合型選抜，学校推薦型選抜に区分したときに，学校推薦型選抜で入学する学生は私立大学の場合4割を超えている。

　溝上慎一は調査などを踏まえて大学，社会で成長する生徒について，① 主体的に学ぶ力（教室外学習，主体的な学習態度），② 豊かな対人関係と活動性，③ 将来への意識（キャリア意識）を挙げている（溝上 2015：197）。

　高校や大学が生徒・学生にそのような力を育成するべき，入学者選抜もそれを考えておこなうべき，という見解に異論を差し挟む人は少ないであろう。しかし，試験の作問や採点など入学試験にかけられるコストには限度があり，理想どおりの選抜ができることは限らないという問題がある。高校での教育目標に合致した学力と入学者選抜で問われる学力が一致しない。それゆえ，「思考力，判断力，表現力」が重視されるようになっても，重要用語の暗記を重視する授業が行われ続ける可能性がある。「知識の量」で合否が決定して高校はその準備をするというのであれば，入学後の学びにはつながらない。大学でどの分野の学問をすべきかを考える助けともなりにくい。

7　まとめにかえて

　近年の学習指導要領改訂によって強調されていることをこれまで述べてきた。「学力の三要素」を留意して学習評価を行うことが求められている。

　「教育の目的や目標の実現に必要な教育の内容等を教科等横断的な視点で組み立てていくこと」「教育課程の実施状況を評価してその改善を図っていくこ

と」「教育課程の実施に必要な人的又は物的な体制を確保するとともにその改善を図っていくこと」からなるカリキュラム・マネジメントの実施となるには，児童生徒の的確な学習評価が前提となる。それがもとに学校のカリキュラム評価があり，改善をはかることができる。

　大学の教職課程の授業でも学習評価に時間が割かれることはあまりない。これまで見てきた答申などがいう学習評価が，実質的に機能することはできるであろうか。これまで述べてきたような動向が，教育現場にこれからどのような影響を与えるか。今後に注目するほかはない。

学習課題

（1）ある都道府県の高校入試制度と，調査書（内申書）のフォーマットを調べてみよう。
（2）カリキュラム・マネジメントと学習評価の観点規準との関係について考えてみよう。

注

1）兵庫県教育委員会「令和3年度　兵庫県公立高等学校入学者選抜要綱」https://www.hyogo-c.ed.jp/~koko-bo/02nyuushi/r3senbatu/r3senbatuyoukou/r3senbatuyoukouhontai.pdf
2）国語科における問題を指摘するものとして，関口（2014）。
3）文部科学省「「高大接続改革」とはどのような改革ですか。」https://www.mext.go.jp/a_menu/koutou/koudai/detail/1402115.htm

引用・参考文献

石井英真ほか編（2019）『小学校　新指導要録改訂のポイント』日本標準.
岡山県総合教育センター（2020）「新学習指導要領の趣旨を踏まえた学習評価」https://www.pref.okayama.jp/uploaded/attachment/274889.pdf?fbclid=IwAR2dvG9m1vPndYlm3Kr9pq-HDdVgRdKMMYqldUae4JQa_9tCsp6M10r1C84　（2021年7月8日最終確認）
関口貴之（2014）「高校入試問題から考える批判的思考力」『横浜国大国語研究』32：159-140頁.

神谷拓（2015）『運動部活動の教育学入門』大修館書店.

国立教育政策研究所教育課程研究センター（2019）「学習評価の在り方ハンドブック」 https://www.nier.go.jp/kaihatsu/pdf/gakushuhyouka_R010613-01.pdf （2021年8月19日最終確認）

田中耕治編（2021）『よくわかる教育評価　第3版』ミネルヴァ書房.

田中保樹ほか編（2020）『資質・能力を育成する学習評価』東洋館出版社.

田村学（2021）『学習評価』東洋館出版社.

中央教育審議会（2014）「新しい時代にふさわしい高大接続の実現に向けた高等学校教育，大学教育，大学入学者選抜の一体的改革について」（答申）2014年12月22日.

中央教育審議会（2016）「幼稚園，小学校，中学校，高等学校及び特別支援学校の学習指導要領等の改善及び必要な方策等について」（答申）2016年12月21日.

中央教育審議会初等中等教育分科会教育課程部会（2019）「児童生徒の学習評価の在り方について」（報告）2019年1月21日.

延近充（2020）『入試問題の作り方　思考力・判断力・表現力を評価するために』幻冬舎.

細尾萌子（2018）「学校種間の教育接続と入試」西岡加名恵編『教育課程』協同出版，201-223頁.

溝上慎一編（2015）『どんな高校生が大学，社会で成長するのか』学事出版.

文部科学省（2018）『中学校学習指導要領（平成29年告示）解説　総則編』東山書房.

文部科学省初等中等教育局長（2019）「小学校，中学校，高等学校及び特別支援学校等における児童生徒の学習評価及び指導要録の改善等について」（通知）2019年3月29日.

（大津尚志）

第 10 章

カリキュラム・マネジメントの考えを深めるために（4）
カリキュラム・マネジメントと学級経営

　　本章では，カリキュラム・マネジメントの観点から学級経営について
考察する。そのために，まず学級経営の再帰的でパラドクシカルな性格
を踏まえて，カリキュラム・マネジメントの観点から学級経営を捉える
とはどういうことかを整理する。そのうえで，カリキュラムとしての学
級について，制度としての学級と相互行為としての学級の二つの側面か
ら検討する。日本の学級制度は，年齢―集団―教育内容のグレードが対
応する制度として形成されたが，そのことが果たす教育機能がある。ま
た，相互行為としての学級については，学級の雰囲気，同調圧力，ス
クールカースト，学級崩壊などを取り上げ，それが児童生徒にどのよう
な影響をもたらすのかについて，最近の研究に基づいて記述する。最後
に，それらを踏まえて，カリキュラム・マネジメントとして学級経営に
ついて，教師による観察と省察を中心に課題を述べる。

1　カリキュラム・マネジメントの観点から学級経営を捉える

　年度初めにそれぞれの児童生徒は自分の学級を指定され，同学級の児童生徒
及びその学級の担任とされる教師と出会う。その児童生徒相互も教師もまった
く初対面ということもあり得るし，すでに濃密な人間関係を構築している場合
もあるだろう。学校の多くの活動は，この学級を基盤に展開される。担任教師
は，児童生徒相互の関係と児童生徒と教師（担任教師自身や学級に関わる他の
教師）の関係（以下，この両者を合わせて「学級の人間関係」という）に影響
を及ぼそうとして何らかの働きかけを行う。形式的に言えば，この働きかけが
学級経営である。年度当初には，学級の在り方についての担任としての想いを
伝えたり，学級の目標やルールをつくったり確認したり，親睦を図る活動をし
たりという，いわゆる学級開きが行われる。さらに年間を通じて様々な学級活
動や行事などを通じて，学級の人間関係に影響を与えようとする。現象的に言

142

えば，このような意図的な行為が学級経営である。

　現象としての学級経営に私たちの多くは慣れ親しんでいるが，突き詰めて考えると，実は非常に複雑である。それを考えるために，生徒指導提要の学級経営に関する記述の一部を見てみよう（文部科学省 2022：42）。

> 　学級・ホームルーム経営の内容は多岐にわたりますが，学級・ホームルーム集団としての質の高まりを目指したり，教員と児童生徒，児童生徒相互のよりよい人間関係を構築しようとしたりすることが中心的な内容と言えます。学級・ホームルーム担任は，学校の教育目標や学級・ホームルームの実態を踏まえて作成した学級・ホームルーム経営の目標・方針に即して，必要な諸条件の整備を行い，学級・ホームルーム経営を展開します。その点において，児童生徒が自主的・実践的によりよい生活や人間関係を形成しようとして展開される特別活動は，結果として児童生徒が主体となって集団の質を高めたり，より深い人間関係を形成したりすることにつながります。

　ここで言われている「学級・ホームルーム集団」と「教員と児童生徒，児童生徒相互のよりよい人間関係」は同じものなのだろうか？　それとも別なのだろうか？　「必要な諸条件の整備」とは，何の条件の整備のことなのだろうか？　教員と児童生徒の人間関係を構築することも学級経営の役割だとしたら，学級経営の主体であるはずの担任教師も学級経営の対象ということになるが，それは一体どういうことなのだろうか？　学級経営を展開するのは担任教師だけれど，「結果として児童生徒が主体となって」とはどういうことだろうか？　ほんとうにそれは「より深い人間関係を形成したりすることにつながる」のだろうか？　このような疑問が生じるのは，学級経営が再帰的だからである。教科の授業であれ，学級活動であれ，学級で行われるどのような活動も学級の人間関係に影響を与え，それを通じて児童生徒は（そして教師も）何らかの学習をする。学級経営の対象すなわち学級の人間関係に担任教師自身も含まれる。また，学級経営は教育活動が成り立つための条件整備であると言われることもあるが（赤坂2016：4），学級経営自体もまたそこで児童生徒の学習が生じる教育活動でもある。このように学級経営は再帰的なので，解きがたい矛盾すなわちパラドクスを含まざるを得ない（水本 2000：150）。

担任教師は学級の人間関係の外からそれを操作することはできないので，担任教師の意図的な働きかけは，意図したとおりに学級の人間関係に影響を与えたり，意図したとおりに児童生徒の学習を実現したりはできない。意図した通りにはならないのと同様に，意図しないのに学級の人間関係に影響を与えたり，児童生徒の学習を生み出したりもする。担任教師はその意図通りにならなさを観察して，さらに次なる意図的な働きかけを考えることになる。学校における教育活動一般がそうであるように，意図通りにならない状態を観察して次の意図的な活動を構想し，実践することになる。学級の人間関係を対象として，このような省察的，再帰的活動を繰り返すことが，学級経営である。

　カリキュラム・マネジメントの観点から学級経営を捉えるということは，何らかの教育意図をもって教師によって行われる学級経営行為が児童生徒にどのように経験され，学級の人間関係にどのような影響を与え，児童生徒にどのような学習をもたらしているのかを把握し，次なる学級経営行為につなげることである。それは，学級経営を意図されたカリキュラム――実施されたカリキュラム――達成されたカリキュラムの連関において捉えるということである。学級経営は教師の意図とは異なる影響あるいは教師の意図を超えた影響を，場合によっては子どもの生涯にわたって及ぼす（その記述の例として原（2010））。それを捉え，実践にフィードバックすることがカリキュラム・マネジメントとしての学級経営である。

2　カリキュラムとしての学級①　法制度としての学級

（1）現在の学級制

　現行の法規によると，学級は同学年の児童生徒で編制し，1学級の児童生徒数は40人以下であるが，特別の事情のある時は数学年の児童生徒を1学級に編制できる（小学校設置基準，中学校設置基準）。公立学校の学級編制の標準は，小学校の単式学級35人，複式学級16人（ただし1年生を含む場合は8人），特別支援学級8人，中学校の単式学級40人，複式学級8人，特別支援学級8人，特別支援学校の小学部又は中学部の学級は6人（重複障害の場合3人）である

表10-1　編制方式別学級数・学級規模と学校当たり平均学級数

2020年度国公私立	単式学級			複式学級			特別支援学級			学校数	学校当たり平均学級数
	学級数	児童生徒数	平均児童生徒数	学級数	児童生徒数	平均児童生徒数	学級数	児童生徒数	平均児童生徒数		
小学校	219,826	6,047,060	27.5	4,443	36,895	8.3	48,848	216,738	4.4	19,525	14.0
中学校	97,783	3,126,554	32.0	168	863	5.1	20,630	83,802	4.1	10,142	11.7

（出所）2020（令和2）年度学校基本調査。

（公立義務教育諸学校の学級編制及び教職員配置の標準に関する法律第3条2項，3項）。ただし，教育委員会の判断により，国の標準を下回る学級編制ができる。小学校と中学校の学級規模と学校規模の平均は表10-1の通りである。

　義務教育段階においては「各学年の課程の修了又は卒業」は，児童生徒の「平素の成績を評価して，これを定めなければならない」（学校教育法施行規則第57条）。日本では飛び級はなく，義務教育段階での原級留置もほとんどないので，学級は同じ年齢の児童生徒で構成され，同じグレードの教育内容の学習を行うことになる。すなわち，日本の学級制度は年齢—集団—教育内容のグレードが対応した制度である。

（2）学級制の歴史

　そのような学級の制度は，日本に近代学校制度が導入された当初からあったのではない。1872（明治5）年の「学制」以降1891（明治24）年に「学級編制等ニ関スル規則」が制定されるまで，学習集団は教育内容のグレードである等級ごとに編制されるのが制度上の原則であった（等級制）。学級制は学習集団の編制を等級によるものから人数によるものに変更したが，教員数削減による財政効率化という要請とともに，いわゆる教育勅語体制において学校の訓育機能を強化するねらいをもっていた。その背景には，生徒と教師の関係，教師と校長との関係それぞれを親子関係になぞらえ，それを天皇と国民との関係にまで拡張する家族国家観があった。志村（1994：1）によれば，「学級制は，単に学力をつけるだけでなく，人格の形成機能（訓育）を内在させたものであり，学級は，それを育成する単位としての役割をになわされていた」。

　その後1900（明治33）年の小学校令改正によって試験による進級制が廃止さ

れた。さらに，就学率が上昇することによって，大正中期以降には今日のような同学年の児童で1学級を編成する単式編制の学級が主流となり（志村 1994：12），年齢—集団—教育内容のグレードが一致する制度が成り立ったのである。学級経営論の嚆矢とされる澤正の『学級経営』が刊行されたのは1912（明治45）年である。以後，学級経営の考え方や様式には様々なものが登場したが，学級という制度の基本は変化することなく今日に至っている。

（3）カリキュラムとしての学級制度

　このような学級制度は，同じ年齢の児童生徒が少なくとも1年間継続する集団を形成して，同じ内容の教育を受けることを何年にもわたって経験させ，それが当たり前であるという認識を形成する。たとえば今日のフランスでは義務教育は6歳から16歳までであるが，原級留置等により義務教育終了時の教育段階は一定ではない（文部科学省 2019）。日本ではそのような常識は成り立っていない。中央教育審議会（2021）は，「進級や卒業の要件としての課程主義を徹底し，義務教育段階から原級留置を行うことは，児童生徒への負の影響が大きいことや保護者等の関係者の理解が得られないことから受け入れられにくいと考えられる」と述べた。「保護者等の関係者の理解」は，カリキュラムとしての学級制度によって形成されてきたといえよう。

　ただし，年齢—集団—教育内容のグレードの対応関係が実際に維持されるわけではない。制度上で年齢—集団—教育内容のグレードが対応しているからこそ，その対応関係から外れる児童生徒をどう扱うかが，日本の学級制度に問われ続けてきた。知的障害児という社会的カテゴリは，学年共通の教育内容のグレードについていけない児童を支援する学級編制の工夫によって形成された組織上のカテゴリが，学級編制という文脈から切り離されて人のカテゴリに転化する形で形成された面もある（水本 1996）。最近では特別支援教育とともに「特定分野に特異な才能のある児童生徒に対する指導」（中央教育審議会 2021）への注目も高まっている。学級制度は人に対するまなざしを形成するという点でも，カリキュラムとして機能している。

　このように制度的に学級は「同一年齢や同一能力に均質化され，教室という

同一空間の中で，同一知識内容が，同一時間に一斉に，同一教師によって教えられる場」（柳 1996）である。しかし，だからといって児童生徒が整然とただいわれるままに行動しているわけではない。学級生活は「子どもに相当な負担をかける『苦行』」であり，そこを場として「学級崩壊」やいじめなどの問題が起きる（河上 2013：178）。学級は前述のようにパラドクシカルで不安定な場であり，制度によってその安定を図ることができない。だからこそ，相互行為において秩序の形成と維持を図ることが学級経営の課題になるのである。

3　カリキュラムとしての学級②　相互行為としての学級

（1）相互行為としての学級

しばしば，ある子どもが学級に適応している，していないという。あたかも，その子どもの存在とは別に学級というモノが存在しているかのようである。しかし，その子どもが同じ学級の他の子どもや担任教師とうまくやっていけていないこと自体が，その学級を構成している。学級はモノではない。ある子どもたちが1年間一つの集団を構成するのだとして集合させられ，通常の場合そこに担任と呼ばれる教師が一人配置され，そこで様々な相互行為が行われる。そのこと自体が学級である。

さらに，教師は学級の外にいて児童生徒の相互行為を統制できるわけではない。教師が主観的にどう思おうと，自分自身が児童生徒との間で行う相互行為もまた学級を構成している（教師の行為が学級の荒れの原因であることもある）。学級経営という行為は相互行為システムとしては自己言及的であり，学級は自己組織的であるほかはない（蘭・高橋 2008）。教師がどのような教育意図をもって学級経営を行ったとしても，そのこと自体が学級を構成しているのであって，学級がその通りになるわけではない。だからこそ，教師にとっては自己の意図的行為がどのような結果をもたらしているかの観察と省察が求められるのである（内田 2016：128）。

制度上の原則として，学級は少なくとも学力的に均質な児童生徒によって構成され，効果的な教育活動が行われる場である。しかし，実際には学級内にお

ける学力差は大きく，教師自身も学力差の大きさと基礎学力定着の不十分さを感じている（水本 2002）。文部科学省「日本語指導が必要な児童生徒の受入状況等に関する調査」（平成30年度）によると，2018年5月1日時点で日本語指導が必要な児童生徒数は5万1126人であり，2年前の調査より16.3％増加している。通常学級といわれる学級にも様々な障害を持つ児童生徒が在籍している。文部科学省の「令和元年度 特別支援教育に関する調査」（2019年5月1日時点）によれば特別支援教育の対象となる児童生徒で小学校あるいは中学校に在籍する者のうち，小学校では7.8％が，中学校では12.8％が通常学級に在籍している。また，文部科学省「通常の学級に在籍する発達障害の可能性のある特別な教育的支援を必要とする児童生徒に関する調査」（2012年2月～3月実施）によれば，「学習面又は行動面で著しい困難を示す」児童生徒の割合は6.5％と推定されている。学級の児童生徒の同質性という前提は，「今やほとんど意味をもたない」（安藤 2013：66）。このような多様な児童生徒相互，さらに児童生徒と担任教師の相互行為の総体が学級である。

　以下，最近の研究に基づいてその相互行為の特質という面から児童生徒がどのような経験をしているのかを見ていくが，それは学級経営が取り組まなければならない前提でもあるし，学級経営が生み出した結果でもある。

（2）学級集団の特質と児童生徒の経験

① 学級の雰囲気

　学級の雰囲気は児童生徒の学習行動に影響を及ぼす。松本・相良（2021）は，「所属学級に居場所があったり，友人関係が良好であったりとクラスにいることが楽しいと感じることが高いほど，学習先延ばし行動は抑制されること」を明らかにしている。

　しかし，学級の雰囲気の影響は複雑である。石浦・石津（2020）は，学級の雰囲気を「認め合い」「規律」「活発さ」の3因子で捉え，「規律が保たれている学級ほどそこに所属する児童が悲しさや腹立たしさといったネガティブな感情をもちにくいということ，反対に規律が保たれていない学級ほど，そこに所属する児童がネガティブな感情になりやすいということ」「クラスメートをお

互いに認め合う雰囲気の強い学級や，学級活動に対して活発な雰囲気が強い学級ほど，児童が嬉しさや元気さといったポジティブな感情を感じやすい」ことを明らかにしている。しかし，同時にそれが「すべての学級に当てはまるとは限らない可能性」もあり，「ポジティブな学級雰囲気である「認め合い」が，いじめや授業妨害といった，規律と反するような問題行動等も認め合ってしまうというネガティブな効果をもつことがある可能性」を指摘している。

　同様に，外山・湯（2020）は，「学級集団の雰囲気が良い学級に所属している子どもは，いじめ加害行動の抑制につながりやすいこと」を見出しているが，同時に「雰囲気が良い学級においていじめ加害行動が多くみられる児童は，その傾向が長期化しやすいこと」も明らかにしている。その理由として，「学級集団の雰囲気が良く，学級のつながりが強いと，もともといじめ加害行動を多く行ってしまう児童は，当該行動を行っても，そうした不適応的な行動をクラスの友達が受け入れてくれていると誤って認知することにつながるかもしれない」と述べている。

　この二つの研究は，学級におけるよい雰囲気とりわけ受容性の高さにより，場合によってはいじめなどの行動も受容されて，それを助長する可能性を示唆している。いじめは他者に対する非受容的な行動であるが，ここでは非受容的な行動も受容されるというパラドクスが生じている。受容的な学級集団をつくろうとしたときに，教師はそのようなパラドクシカルな状況におかれる。

② 同 調 圧 力

　同調圧力についての研究をレビューした井口・河村（2021）は，その課題を次のようにまとめている。

　　（1）　同調圧力が高まった集団においては，スケープゴートなどにみられる異質性排除の傾向がみられること

　　（2）　集団の同調圧力が高まることで，有益な発言が抑制され，集団思考の結果，適切な合意形成が妨げられること

　　（3）　表面的な同調は心的葛藤や認知的不協和を引き起こすが，集団から孤立する不安や緊張を低減する情緒的な作用が働き，同調行動の維持に

つながっていること

　一方，同調行動と適応の関係について検討した坂本（1999）は，社会的スキルとの交互作用が存在し，「対人関係能力が不足している者にとって，自分と考えが異なっていても集団に同調することは，対人的な適応を向上させるのに有効な方略である」ことを明らかにしている。原（2010）は，凝集性を強める学級経営が楽しいことと経験される一方，場合によっては生涯にわたるトラウマになるような経験をもたらすことを記述している。同調圧力もまた，児童生徒によって異なって経験されるのである。

③ スクールカースト

　スクールカーストとは学級内の児童生徒のインフォーマルグループ間に地位格差が生じる現象である（鈴木 2012）。スクールカーストに関しては，一般的には高地位のグループに属する生徒ほど学校適応感が高く，低地位グループの生徒ほど低いことが明らかになっている（水野・太田 2017）。しかし鈴木（2012：135-140）は，上位グループに属する生徒に期待される行動をとることを重荷に感じた生徒の例を紹介し，「上位の生徒にとっても，学校生活を過ごすうえでの障害となっている可能性」を指摘している。

　水野・日高（2019）は，中学校の学級風土の差によるスクールカーストの影響の差を検討している。それによると，まず，学校の「居心地の良さの感覚」に関しては，どのような学級でもグループの地位が低いほど居心地が悪くなり，地位が高いほど良くなる。一方「課題・目標の存在」（「将来役に立つことが学べる」「これからの自分のためになることがある」など）については，高地位グループと低地位グループの差が小さい学級では，両グループの生徒の間で学校の充実感は変わらない。しかし，高地位グループと低地位グループの差が大きい学級ほど，高地位グループの生徒は学校での「課題・目標の存在」に関する充実感が相対的に高く，低地位グループの生徒では充実感が低い。

　スクールカーストはいじめの温床にもなっている。ただしそれは一様ではなく，水野・加藤・太田（2017）は，小学校では「地位が低い児童ほど無視や仲

間外れ，直接的な悪口のいじめ被害をうける程度が高い一方で，遊びのつもり
の暴力のいじめ被害にはグループ間の地位が関連しないこと」を明らかにして
いる。作田（2016）は，「『スクールカースト』の存在を意識している女子にお
いて，人づきあいの際に他者の視線や不安が強くあらわれており，男女ともに
いじめ経験が『スクールカースト』を認識していない生徒にくらべて高い」こ
とを明らかにしている。ここには，スクールカーストの経験がその後の対人関
係についての認識や感情に影響を与えていることが示されている。

④　相互行為としての学級への教師の内在性

　学級を相互行為として捉えたときに，教師はその外にいるのではなく，消極
的にであれ，積極的にであれそこに内在している。鈴木（2012：219-265）によ
れば，教師はスクールカーストを「能力」による序列だとみなし，生徒が自分
の足りないところを認識し「努力」や「やる気」で改善することにつながるも
のとして肯定的に捉えている。さらに，教師はスクールカーストを学級経営の
戦略に利用していることも指摘している。そこで紹介されているある教師は，
「黄金の3日間」と呼ばれる入学直後の3日間に生徒間の勢力関係を把握し，
上位の生徒を使って教師が望ましいと思う方向に生徒たちをひっぱっていく戦
略をとっている。こうした教師がどこまで一般的かは明らかではないが，教師
がスクールカーストに消極的に巻き込まれるのではなく，積極的にそれを利用
したり生み出したりしている可能性が示唆されている。
　小嶋・前田（2021）は中学生のアサーション生起において，教師が直接的に
影響を及ぼすだけでなく，学級風土認知を経て間接的に影響を及ぼす可能性を
明らかにしている。大久保・加藤・尾崎・江村（2021）によれば，教師の学級
経営スタイルと学級集団特性の適合度が児童の学級適応に影響する。また，水
野・加藤・太田（2017）によれば，教師との接触頻度が高い児童ほどいじめ被
害を受けない。学級の秩序形成に教師のジェンダー・バイアスが影響している
ことも明らかにされている（寺町 2020）
　いわゆる学級崩壊について，学級経営研究会の調査によれば「教師の学級経
営が柔軟性を欠いている事例」が対象とされた事例の69%を占めている（井深

2001)。群馬県教育委員会（2011）は,「学級がうまく機能しない状況」の要因を,「自己中心的な言動をする,特別な配慮や支援を必要とする」子どもの要因,「学級経営・教科経営に柔軟性を欠いた,問題行動への対応が遅れた」教師の要因,「家庭の養育やしつけに問題があった」家庭の要因の3つに分けている。これらからわかるように,学級崩壊についても教師の要因は小さくないのであって,教師もまた相互行為としての学級を構成する存在である。

---

4 カリキュラム・マネジメントとしての学級経営の課題

　以上で述べてきたように,学級とは制度に枠づけられた児童生徒相互及び児童生徒と教師との相互行為である。学級経営とはそのように学級に内在しながら,学級すなわち児童生徒相互及び児童生徒と教師との相互行為に影響を与えようとする教師の行為である。年度初めの学級びらきから始まって,学級目標づくり,学級内の係活動の分担決め,そして年間を通しての学級会や諸行事への取り組み,日常的な児童生徒とのコミュニケーションなどを通じて,児童生徒の相互行為の調整と児童生徒と教師の相互行為の調整を行うのである。

　学級経営については,具体的で実践的な示唆を与える図書も多く出版されている。しかし,いかに実践的な知見に学んだとしても,学級経営は意図せざる経験を児童生徒にもたらす。カリキュラム・マネジメントとしては,教師の学級経営という行為が児童生徒にどのような経験と学習を生み出しているかを捉えることが重要である。第3節でみたように,それは非常に複雑である。学級の雰囲気の与える影響が児童生徒によって異なり,たとえば同調圧力の強さが学級適応を阻害することもあれば促進することもある。よい雰囲気がいじめ行動を抑制することもあれば,助長することもある。教師の学級経営方針―学級経営行為（児童生徒と教師の相互行為）―児童生徒の相互行為（集団の特質）―個々の児童生徒への影響という一連の関係は,線形的に予測できない複雑性を持っている。教師としてはこうすればこうなるだろうという思い込みを避けて,自分の学級経営行動が生み出したものを詳細に観察し,省察することが必要である。小学校の学級経営について,中村（2016）は児童理解ではなく,児

童間の関係性（状況）の理解が重要であることを指摘している。それによって，①目立たない児童への着目，児童間の関係性を横の広がりと階層（ヒエラルキー）に着目して構造的に捉えることによる視野の広がり，②教師の視点が「教師─児童」の二者関係に限定される対症療法的な指導に終始することを抑制し，子どもたちの状況を見守る，待つ，任す姿勢への転換を促す，③心の理解と異なり，「児童間理解」が複数の教師により可視化されやすく情報として共有しやすいため，学級が開かれ，学級づくりと連動した学年づくりにもつながっていく，という効果があるという。

　そうした観察と省察は，学級経営行為の表面的な更新にのみ向けられるのではなく，学級観や児童生徒観の更新にも向けられるべきものである。柳（2005：212）は，「学級制は多様な学習形態の一つに過ぎない」という姿勢を明確にすることが必要だという。学級は児童生徒にとっては必然性のない人為的な制度であり，そこに秩序が生まれて効果的な学習が行われることは極めて不思議なことである。生澤（2016：84）は，「学級や教室の不可思議さに驚きながら，そうした時間や空間を形づくっていくことそれ自体について『哲学する』こと，つまりじっくりと学級の姿に耳を傾けなおすなかで，みずから揺らぎ，ためらい，気づき，変容し，学級経営を理解している思考の『前提』をも含めて思考しなおすことが大切」だという。学級の秩序といい集団というときに，実は人間にとっての他者との関係性，「ケアの前提となる『世界観』と『人間観』」（柏木 2021）が問われているのである。

　したがって，児童生徒の声を聴くことが，カリキュラム・マネジメントとしての学級経営の原点である。しかし，主体的で対話的な学習が重要といわれているにもかかわらず，そのような政策のもとで作成されている教科書においてさえ子どもたちの声は聴かれていない（水本 2021）。対話もまた，「「方法論を模索する話合い」は，子どもたちに対して「話合いのための話合い」という，目的のない空虚な話合いをさせることとなる」可能性もある（川本 2013：50）。教師が「生徒の声」を聴いていると思っているときでも，生徒の声の多様性，非対称性，排除性への敏感さが求められる（古田 2021）。

　学級経営行為がもたらす状況の観察と省察そしてそれに基づく学級観と学級

経営行為の更新が，カリキュラム・マネジメントとしての学級経営の核心である。しかし，それは学級担任教師にのみ任せられるべきものではない。学級がうまくいかなくなって担任教師が休職する事例がよく聞かれるが，それは学級経営を学年経営や学校経営が支えず，責任を担任にのみ帰属させているからである。学級を開く実践は以前から様々に試みられ（水本 2000），最近でも学級担任を廃止する中学校の実践（工藤 2018）が注目されたが，学級経営を個人任せにしない取り組みが重要である。小学校では担任外教師が非常に少なく担任任せにせざるを得ない現実があるが，そのような教職員配置を放置している教育行財政すなわち教育委員会や文部科学省の責任である。「教育課程の実施に必要な人的又は物的な体制を確保するとともにその改善を図っていくこと」もカリキュラム・マネジメントの要素であるから（学習指導要領），学級経営がうまくいかないときに人的，物的な体制整備を要求する声を上げることも学校管理職のみならず学級経営の当事者としての教師の責任である。

学習課題

（1）自分の小学校時代の学級の様子を思い出し，そこで自分がどのような経験をし，どのような影響を受けたかを検討しよう。その経験を友人と比較し，違いがどういう要因から生まれたかを検討しよう。

（2）自分が学級担任になったらどのような学級経営をしたいか，それはなぜかを考察しよう。

引用・参考文献

赤坂真二（2016）「学級づくりの"今"と"これから"」末松裕基・林寛平編『未来をつかむ学級経営』学文社，1-16.

蘭千壽・高橋知己（2008）『自己組織化する学級』誠信書房

安藤知子（2013）「学校組織の変容と学級の組織マネジメント」蓮尾直美・安藤知子編『学級の社会学　これからの組織経営のために』ナカニシヤ出版，55-74.

生澤繁樹（2016「学級経営を「哲学する」」末松・林編，前掲書，79-97.

井口武俊・河村茂雄（2021）「学級における同調圧力がもたらす否定的側面とその改善を検討した先行研究の展望」『早稲田大学大学院教育学研究科紀要：別冊』28（2），173-181.

石浦宏樹・石津憲一郎（2020）「学級雰囲気が児童の感情に及ぼす影響」『富山大学人間発達科学研究実践総合センター紀要　教育実践研究』15，29-35.

井深雄二（2001）「「学級崩壊」をめぐる諸問題」『名古屋工業大学紀要』52，71-78.

内田沙希（2016）「学級経営の理論」末松・林編，前掲書，115-130.

大久保智生・加藤弘道・尾崎沙織・江村早紀（2021）「教師の学校経営が児童の学級適応に及ぼす影響——学校経営スタイル尺度の作成と適合の良さ仮説の検証」『心理科学』42（1），20-28.

柏木智子（2021）「子どもの生と学びを保障する学校づくり——「ケア」に着目して」『日本教育経営学会紀要』63，35-50.

河上亮一（2013）「学級経営における教師役割の現在と展望」蓮尾・安藤編，前掲書，157-180.

川本和孝（2013）「子どもの変容に応える学級活動・特別活動」蓮尾・安藤編，前掲書，37-54.

工藤勇一（2018）『学校の「当たり前」をやめた。』時事通信社.

群馬県教育委員会（2011）「魅力ある学級づくりのために」http://www.nc.gunma-boe.gsn.ed.jp/?action=common_download_main&upload_id=221（2021年9月3日閲覧）

小嶋佳子・前田純樹（2021）「教師の指導態度および学級風土の認知が学級におる中学生のアサーション生起に及ぼす影響」『愛知教育大学研究報告．教育科学編』70，76-84.

坂本剛（1999）「中学校の学級集団における同調行動と適応についての一研究」『名古屋大御学教育学部紀要教育心理学科』46，205-216.

作田誠一郎（2016）「「スクールカースト」における中学生の対人関係といじめ現象」『佛大社会学』（40），43-54.

志村廣明（1994）『学級経営の歴史』三省堂.

鈴木翔（2012）『教室内（スクール）カースト』光文社

寺町晋哉（2020）「女子のトラブルを「ドロドロしたもの」と見なす　教師のジェンダー・バイアス」『宮崎公立大学人文学部紀要』27（1），103-119.

外山美樹・湯立（2020）「小学生のいじめ加害行動を低減する要因の検討——個人要因と学級要因に着目して」『教育心理学研究』68，295-310.

中央教育審議会（2021）「「令和の日本型学校教育」の構築を目指して（答申）」

中村映子（2016）「「個」から「関係」の学級・学年づくり」末松裕基・林寛平編著『未来をつかむ学級経営』学文社，17-29.

原武史（2010）『滝山コミューン一九七四』講談社

古田雄一（2021）「教育経営における「生徒の声」の意義と課題——近年の国際的動向の検討と考察をもとに——」『日本教育経営学会紀要』63，19-33.

松本瑠蘭・相良順子（2021）「中学生における学習先延ばし行動と学級の雰囲気」『聖徳大学児童学研究所紀要』23，11-16.

水野君平・太田正義（2017）「中学生のスクールカーストと学校適応の関連」『教育心理学研究』65（4），501-511.

水野君平・加藤弘通・太田正義（2017）「小学生のスクールカースト，グループの所属，教師との接触といじめ被害の関連」『心理科学』38（1），63-72.

水野君平・日高茂暢（2019）「「スクールカースト」におけるグループ間の地位と学校適応感の関連の学級間差——2種類の学級風土とグループ間の地位におけるヒエラルキーの調整効果に着目した検討」『教育心理学研究』67（1），1-11.

水本徳明（1996）「小学校の学級編制と「劣等児」へのまなざし」高倉翔編著『教育における公正と不公正』教育開発研究所，233-243.

水本徳明（2000）「子どもと教師の豊かなつながりを求めて——学級経営と教室空間」谷川彰英・無藤隆・門脇厚司編著『学びの新たな地平を求めて（21世紀の教育と子どもたち③）』東京書籍，141-177.

水本徳明（2002）「小学校教諭調査結果」桑原敏明編『学級編制に関する総合的研究』多賀出版，315-337.

水本徳明（2021）「教育経営における子どもの主体化の現代的様相——言説的制度としての教科書の言語行為論的分析を通じて」『日本教育経営学会紀要』63，2-16.

文部科学省（2022）『生徒指導提要』.

文部科学省（2019）「諸外国の教育統計」.

柳治男（1996）「学級と官僚制の呪縛」『教育社会学研究』59，39-53.

柳治男（2005）『〈学級〉の歴史学』講談社.

（水本徳明）

カリキュラム・マネジメントの考えを深めるために（5）
カリキュラム・マネジメントと地域連携

　　　　人は，社会の多様な人たちとふれあうことから，自分たちの人生や世の中をよりよくできるという実感をもったり，人のよさや生きることの意味などを見い出せたりする。子どもにとっては，このような実感や自他の理解は，変化に富む現代社会において，将来への希望や生きる力を育み，新たな課題を乗り越える意志と能力を培うことにもつながるであろう。今日の学習指導要領も，そのような視点から，これからの学校に，地域社会と連携・協働したカリキュラム・マネジメントの進展を求めているのである。

　　　　「社会に開かれた教育課程」の理念は，学習指導要領においては重要な概念であり，その二本柱の一つが「学校と地域の連携・協働」である。本章では，カリキュラム・マネジメントにおける地域連携の具体的な実践例を示しつつ，地域連携のあり方と今後の展望について考えてみたい。

1　カリキュラム・マネジメントと地域連携──「地域」とは何か

（1）地域連携がめざすもの

　2017～2019年改訂の学習指導要領が策定される際に，各教科等の部会における議論に先立って，「教育課程企画特別部会」が新設され，そこで学習指導要領改訂の議論の「論点」を「整理」し，議論の方向性を明確にした。それが2015（平成27）年8月に取りまとめられた教育課程企画特別部会の「論点整理」である。「論点整理」によると，子どもたちに「新しい時代を切り拓いていくために必要な資質・能力を育むためには，学校が社会や世界と接点を持ちつつ，多様な人々とつながりを保ちながら学ぶことのできる，開かれた環境となることが不可欠である」とし，「こうした社会とのつながりの中で学校教育を展開していくことは，我が国が社会的な課題を乗り越え，未来を切り拓いていくための大きな原動力ともなる。」として，2011年の東日本大震災における困難を

（写真上）パリでのイベント時の様子

　地域の将来を考えることをテーマに、「地域の名産品を使った商品の開発」等の課題を生徒自身が設定し、他地域・異学年・他国の生徒や大学・企業などと協働して、プロジェクトを推進する。好奇心・発想力、チームワーク力・マネジメント力、問題解決力、発信力、巻き込み力、地域力・グローバル力の育成を図る。

※ OECD東北スクール
　福島、宮城、岩手の被災地の中学生・高校生約100人が集まり、2年半にわたる様々な経験、学びを経て、「2014年8月、パリで東北の魅力を世界にアピールするイベントをつくる」ことで、東北の未来を取り戻すプロジェクト。

**図11 - 1　OECD 東北スクールにおける
プロジェクト学習の例**

（出所）教育課程企画特別部会「論点整理」補足資料，168頁。

克服する中で，子どもたちが現実の課題と向き合いながら学び，国内外の多様な人々と協力し，被災地や日本の未来を考えていく姿が，復興に向けての大きな希望となった「OECD 東北スクール」のプロジェクト学習の事例（図11 - 1），人口減少下の地域課題の解決に関する学びが，子どもたち自身の生き方や地域貢献につながるとともに，地域が総がかりで子どもの成長を応援し，そこで生まれる絆を地域活性化の基盤としていくという好循環をもたらした京都市の実践事例（図11 - 2）などが紹介されている。

　「論点整理」では，このような理念を実現するために必要な方策として，アクティブ・ラーニングの視点から指導方法の見直しを進めるとともに「カリキュラム・マネジメント」を通した組織運営の改善に取り組むことを求めている。

（2）「カリキュラム・マネジメント」において重視すべき地域連携

　「カリキュラム・マネジメント」における重要な側面として，「論点整理」は以下の3点を挙げている。

> ① 各教科等の教育内容を相互の関係で捉え，学校の教育目標を踏まえた教科横断的な視点で，その目標の達成に必要な教育の内容を組織的に配列していくこと。

> ② 教育内容の質の向上に向けて，子供たちの姿や地域の現状等に関する調査や各種データ等に基づき，教育課程を編成し，実施し，評価して改善を図る一連の PDCA サイクルを確立すること。

［主な取組］

■ 「京都方式」の学校運営協議会
　　法の枠組みを超え，学校運営への参画を重視！！

- 学校の基本方針の承認等だけでなく，子どもたちのために何ができるのかを議論し，学校教育に参画することを重視した「京都方式」として展開
- 校長が推進する学校改革の切り札の制度として位置づけ，地域の参画機運の高まりを重視し，上意下達での一律指定にはせず。
　しかし，平成26年度には，全166小学校で設置完了（指定都市初）
　　● 支援学校 8 校（100%），中学校44校（60%）幼稚園12園（75%）にも設置

■ 子どもを共に育む京都市民憲章
　　平成19年 2 月　憲章制定
　　平成23年 4 月　憲章推進に関する条例を制定

- 子どもを社会全体で育むための市民共通の行動規範
- 同憲章推進の条例に基づき，取組を促進
- 優れた実践活動者や団体を毎年表彰

■ 人づくり21世紀委員会
　　平成23年 2 月　発足
　　平成27年 3 月　現在113団体が参画

- 「子どもたちのために，今，大人として何ができるか」を共に考え行動する市内113団体が参画するネットワーク
- 虐待やインターネットの不適切利用等の今日的課題の解決に向けた研修，地域での子育てトークや中学生と大人とのふれあいトークなどを実施

■ 行動するPTA

- PTAは子どもたちの健やかな育ちを考え，行動する「学校の最大の応援団」
- 子どもたちを取り巻くスマホ等によるネット被害やいじめの根絶に向けた活動を積極的に展開中

■ おやじの会

- 「わが子の父親から地域のおやじへ」を合言葉に，160以上の学校・幼稚園で発足
- 日曜大工やユニークな運動会など，「おやじ」ならではの取組を展開中

■ 108の大学との協定に基づく連携

- 約2,000人の大学生が学校・幼稚園でボランティアとして教育活動を支援

■ 京都まなびの街生き方探究館
　　京都ならではのキャリア教育の拠点施設

- 統合跡地の中学校に，実際の企業等のブースからなる「仮想の街」を再現
- 教育委員会の施設として，企業，大学，ボランティアの方々の参画により運営
- 小学生が従業員や市民として社会生活を体験する「スチューデントシティ」学習を実施（全小学校）
- 中学生が収入と支出を踏まえた生活設計を体験する「ファイナンスパーク」学習を実施（全中学校の約 8 割）
- 小学生が京都のモノづくり企業創業者の努力や情熱など，その生き方から学ぶ「京都モノづくりの殿堂」と，実際にモノづくりの原理や体験を学ぶ「工房」を設置

■ 食育

- 料理人等による「日本料理アカデミー（村田吉弘理事長）」との協働で，小学生が「だし」の旨みなど，京の食文化を体験的に学習
- 中央卸売市場協会，京都青果合同株式会社，漬物協同組合との連携で，旬の食材について学び，その調理実習を実施

■ 自然体験

- 小学 4 年生が海で 2 泊 3 日，5 年生が山で 3 泊 4 日以上の宿泊自然体験を実施
- 自然の豊かさを実感しながら，集団活動により協調や責任の大切さを実感

■ 道徳教育

- 京都市道徳教育振興市民会議の提言（河合隼雄座長・平成16年）を踏まえた「しなやかな道徳教育総合実践事業」など，学校・家庭・地域が一体となった市民ぐるみの道徳教育を推進
- 独自の指導計画や指導資料集を作成・活用
- 平成27年度からは 6 月・10月を「道徳教育推進月間」として，全小中学校で保護者・地域参画による授業を公開

■ 掃除に学ぶ「便きょう会」

- 心を磨くトイレ掃除を，親子，教職員，地域ぐるみで実施
- 毎月第 2 土曜日早朝から学校を会場に定例会を開催。多いときは200〜300人が参加
　http://ikushin.net/kyotosoji2/

■ 歴史都市・京都から学ぶジュニア京都検定

- 小学 4 年生に独自のテキストを配布。知識と体験を重視し，小学 5 年生対象の「基礎コース」，6 年生対象の「発展コース」などの検定を実施

図11－2　学校教育と社会の繋がりを重視し，市民ぐるみで進める京都市の取り組み

（出所）平成27年 3 月26日第 4 回教育課程企画特別部会門川委員提出資料「京都市教育委員会公表資料」。

③ 教育内容と，教育活動に必要な人的・物的資源等を，地域等の外部の資源も含めて活用しながら効果的に組み合わせること。

　すなわち3つの側面とは，教科横断的な教育内容の配列，PDCA サイクルの確立，地域等の人的・物的資源等の活用であり，地域連携はすべての側面に関連するが，なかでも3番目の要素に直接的かつ不可分に関わっている。

　たとえば，地元の歴史的遺産や特産品の産地・工場等を実際に訪れ，そこで興味・関心をもったことについて，現地のほか図書館や資料館でも調べたり，専門家や近隣の人々（観光等で来訪した人なども含む）にインタビューしたりして，Web 上の情報だけでは得難い情報を渉猟し，手間と時間をかけて多方面から探究するような学びの体験は，地域とのつながりのなかでこそ可能になるだろう。このような身近な地元市区町村の人々や関係諸団体・近隣校との連携・協働が，子どもたちにとって心に残る教育活動となることはいうまでもない。地理的な近接性は，対面での直接的な関わりや実体験を継続的に行える可能性が高く，それぞれの学校の教育目標に対する共通理解をそれらの人々や団体等から得やすいなどの利点もある。このような取り組みを，学校がどのように体系的，組織的に行うかがカリキュラム・マネジメントの成否に関わる課題となる。

（3）地域社会と国際社会

　「地域」とは何かを考えるとき，前述の「論点整理」にも記されているように，学校がつながるべき「地域等」とは，学校のある地元市区町村に限定されるものではないという点に留意すべきである。

　カリキュラム・マネジメントにおける地域連携を考える際には，ローカルな視点とともに，グローバルな視点から「地域」を捉えることが重要である。今日の教育において SNS やマスメディアを通じて国内外の人々や国際社会と連携することは，今後のカリキュラム・マネジメントにおいて不可欠の要素だからである。

　とりわけ，ユネスコが提唱する持続可能な開発のための教育（ESD：

Education for Sustainable Development）は，カリキュラム・マネジメントの視点からも刮目に値する。ESD は，「身近な課題について自分ができることを考え行動していくという学びが，地球規模の課題の解決の手掛かりとなる」という理念に基づくものであり，日本ユネスコ国内委員会の『持続可能な開発のための教育（ESD）推進の手引』（2021（令和3）改訂）は，「地球上で起きている様々な問題が，遠い世界で起きていることではなく，自分の生活に関係していることを意識付けることに力点をおくもの」とし，「身近なところから行動を開始し，学びを実生活や社会の変容へとつなげることが ESD の本質であり，グローバルとローカルが結びつくという感覚が重要」と述べている。

　たとえば，「SDGs（持続可能な開発目標）を達成するために，私たちに今できること」をテーマとして，児童生徒の各グループがそれぞれの選択した開発目標について，その現状，問題点，先進的取り組みや解決策を整理・分析し，考察結果をプレゼンテーションし，相互評価するといった教科横断型学習は，その一例である。プレゼンテーションで，獲得される資質・能力は，自分の考えを適切な方法で表現し，相手に分かりやすく伝えるというコミュニケーション・スキルだけでない。環境問題等の社会的な課題解決を自分と結びつけて捉え，多角的な視点から探究していくことで，加速度的な社会変化の中で自主的・主体的に行動する力を身につけ，課題解決に向けて他者と協働し，多様な価値観の存在を理解し，自他の意見を尊重することができる力を育むことができるであろう。地域との連携を考えるとき，学校がつながるべき地域社会の裾野は広く，多様である。いわばローカルな課題を考えるときも，世界規模の課題を考えるときにも，世界と自分たちの関係性を視野にいれておくことが求められるのである。

2　教科教育と地域連携

（1）「社会に開かれた教育課程」の実施と地域連携
　2016年12月の中教審答申「学習指導要領等の改善及び必要な方策」は，「社会に開かれた教育課程」を実現するための重要なポイントを以下のように示し

ている。

① 社会や世界の状況を幅広く視野に入れ，よりよい学校教育を通じてよ
りよい社会を創るという目標を持ち，教育課程を介してその目標を社会
と共有していくこと。

② これからの社会を創り出していく子供たちが，社会や世界に向き合い
関わり合い，自らの人生を切り拓ひらいていくために求められる資質・
能力とは何かを，教育課程において明確化し育んでいくこと。

③ 教育課程の実施に当たって，地域の人的・物的資源を活用したり，放
課後や土曜日等を活用した社会教育との連携を図ったりし，学校教育を
学校内に閉じずに，その目指すところを社会と共有・連携しながら実現
させること。

　この答申では，子どもたちが社会や世界と向き合い，自己と社会の未来を切
り拓くための資質・能力を育むことが目指されており，その手段として，地域
の人的・物的資源の活用や連携を従来よりも重視しているのである。同答申を
受けて改訂された新学習指導要領は，「総則」の「前文」にも，答申の主旨を
踏まえた記述が盛り込まれている。

（2）高槻市立小学校（大阪府）の英語教育の実践事例から

　学習指導要領改訂によって2020年度から小学校では，5，6年生に教科とし
て「英語」が設置された。各地の小学校では，それまでの外国語活動等を通じ
て外国語によるコミュニケーション力の育成や国際理解教育に取り組んできた
ところであり，それを基礎としてカリキュラムに英語科教育を導入することに
なった。

　ここでは高槻市立大冠小学校の英語教育の実践事例（平山 2018，2019）を参
考にしながら，教科教育と地域連携のあり方を考えてみたい。

　同校は2020年度からの小学校における英語教育の本格実施に向けて，文部科
学省から教育課程特例校の指定等を受け，英語教育の研究を推進してきた。
これ以前に同校の英語学習は，1997（平成9）年に「大冠の子どもたちにグ

ローバルな人間になってほしい」という保護者の願いからスタートしたとされ，同校の国際理解教育の始まりそのものが地域とのつながりに根付いたものであり，同市において1990年代以降，中国，ブラジル，フィリピン等の外国につながりのある人々の居住者数が増えた（高槻市 2009：「はじめに」）ことが社会背景となっている。

　同校では，2009（平成21）年の「英語ノート」の導入をきっかけに授業形態を担任主導へと変え，2018（平成30）年度より文部科学省の教育課程特例校（研究テーマ「豊かな心をはぐくむ授業～コミュニケーション能力の育成と言語活動の充実をめざして～」）として，小中連携やモジュール学習の研究を進めきた。

　同校も他校と同様に，中・高の英語教員の免許を所有している教員が少なく，英語の指導に少なからず不安を感じたという。そのため外国語活動の授業を観る・行う機会を多く設定し，一時間の授業の流れを「大冠スタンダード」（図11-3）として標準化してすべての教員が安心して授業に取り組める工夫をするとともに，校内体制として研究部の中に英語教育部を設置し，同部会を月1回程度開いている。部会では外国語教育の方向性（研究発表など）の確認をしたり，学校の掲示板作成等，環境づくりをしたりしている。また部会とは別に指導案検討会（ELP=English Learning Project）を設けて，校内の研究授業を行う際に当該学年以外の先生も指導案検討会に参加して検討を行い，さらに部会の内容は学年会・職員会議で全体に周知することで教職員全員が方向性を共通理解できる体制を整えてきた。

　このような校内体制を基礎として，英語の教科化に対応するために，近隣小・中学校で，小中連携による中学校区版の共通の学習到達目標を「～をすることができる」という形で指標化したCan-Doリストを作成している。このリストは，英語を使って何ができるようになったのかを明確化できるように英語の能力（聞く・読む・話す・書く）と学年（小学3年から中学3年まで）を縦横でマトリクスにまとめたものである。

　小中学校が連携して，学習到達度の指標を共有できたことは，このような新設科目の授業実践において極めて大きな成果といえる。

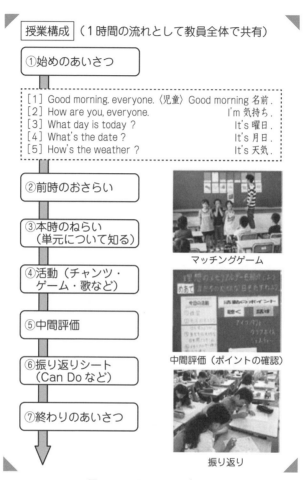

授業構成 （1時間の流れとして教員全体で共有）

①始めのあいさつ

［1］Good morning. everyone. 〈児童〉Good morning 名前.
［2］How are you, everyone. I'm 気持ち.
［3］What day is today ? It's 曜日.
［4］What's the date ? It's 月日.
［5］How's the weather ? It's 天気.

②前時のおさらい

③本時のねらい
（単元について知る）

④活動（チャンツ・
ゲーム・歌など）

⑤中間評価

⑥振り返りシート
（Can Do など）

⑦終わりのあいさつ

マッチングゲーム

中間評価（ポイントの確認）

振り返り

図11-3　大冠スタンダード

（出所）平山（2018：8-9）。

　筆者自身も兵庫県下の市立学校における教科別中高連携を経験したが，このような教科教育における小中，中高の学校間連携において，「どのような学習事項をどのように学んできたか」，また「現在の学びが進学先の学校でどのように展開されるか」を各地域の実情に即して共通理解することは，カリキュラム・マネジメントのみならず各校の教員の授業実践上も非常に有用である。

（3）都道府県等との広域連携

　カリキュラム・マネジメントの点で，大冠小学校の英語教育において注目すべきは，体系的かつ教科横断的に英語教育に取り組んできたことである。その具体的な教育課程の一例が，モジュール学習（1回15分の短時間学習を1週あたり3回）である（2015年度から試行，2016年度から本格実施）。

　同校では，英語に慣れ親しむ機会を増やすことを目的に，5，6年生の英語教科化前から，週1時間の外国語活動に加えて「DREAM」（大阪府教育委員会作成「大阪府公立小学校英語学習6カ年プログラム」）を週に2回，「授業リンク型」（前時の振り返り，既習表現の復習［単語・歌・使用表現等］，絵本の読み聞かせなど）を週1回実施してきた。

　DREAMとは小学校の6年間で活用できる英語の4技能（聞くこと，話すこと，読むこと，書くこと）を育成する大阪府独自の教育プログラムであり，英語の歌や物語を通して，繰り返し英語の音声や文字に触れることにより，子どもたちが楽しみながら自然に英語を学習していくことをめざしている（大阪府「英語教育推進事業に係る取組み」）。同校では，このような都道府県の教育行政とも連携することによって，小学校1年生から6年生までの学年テーマを設定し，低学年・中学年の外国語活動で慣れ親しんだフレーズや語彙を高学年でのコミュニケーション活動に活用できるように系統立てた授業づくりを行っている。

　たとえば，低学年の授業では，他教科連携を重視し，音楽科や生活科で得た知識や体験を基にした授業をつくることにより子どもたちの興味関心をさらに高め，中学年以降の外国語活動にも意欲的に取り組めるようにした。特に低学年では音声と教材を関連づけた指導方法を大切にし，たくさんの英語を聞かせ自然と反応できるように「ゲーム」や「歌」を取り入れた単元構成となっている。中学年ではさらにステップアップし，コミュニケーションを図るCLT（Communicative Language Teaching）を取り入れている。単語と定型文を学ぶだけでは外国語の楽しさを味わうことができないと考え，「自分の思いを伝えるために必要なことは何か」「どうすれば伝わるのか」を子どもたち自ら考える学習活動を行っている。

さらに高学年では，「総合的な学習の時間」のキャリア教育と連携して，職業に関する知識を広め，将来の夢を語る活動を行ったり，家庭科と連携して，お弁当（調理法）と材料を組み合わせるマッチングゲームをしたりするなど意図的に内容と関連付ける指導法 CRI（Content Related Instruction）も取り入れた[1]教科横断的指導を実施している。

　そして，同校では① 行動観察，②「Can-Do 振り返りシート」，③ 英語能力アンケート調査（無意味単語によるリスニング調査を含む）によって形成的評価と総括的評価を行い，PDCA（Plan Do Check Action）のサイクルを意識した振り返りと教育課程の改善に組織的に取り組み，大学等の研究機関とも連携して教育効果を確めてきたことはカリキュラム・マネジメントの視点からも高く評価できよう。

3　「総合的な学習／探究の時間」と地域連携

（1）「総合的な学習／探究の時間」と地域連携の関連性

　2000（平成12）年から導入された「総合的な学習の時間」は，「各学校が地域や学校，生徒の実態等に応じ，横断的・総合的な学習など創意工夫を生かした教育活動を行うよう」に創設されたものである。2017〜2019年の学習指導要領の改訂においても，「総合的な学習の時間においては，探究的な学習の過程を一層重視し，各教科等で育成する資質・能力を相互に関連付け，実社会・実生活において活用できるものとするとともに，各教科等を越えた学習の基盤となる資質・能力を育成する」ことを，その基本的な考え方とし，総合的な学習の時間の学習内容，学習指導の改善・充実の方向として，「教科等を越えた全ての学習の基盤となる資質・能力を育成するため，課題を探究する中で，協働して課題を解決しようとする学習活動や，言語により分析し，まとめたり表現したりする学習活動（比較する，分類する，関連付けるなどの，『考えるための技法』を活用する），コンピュータ等を活用して，情報を収集・整理・発信する学習活動（情報や情報手段を主体的に選択，活用できるようにすることを含む）が行われる」ことや，「自然体験やボランティア活動などの体験活動，地

域の教材や学習環境を積極的に取り入れること等は引き続き重視すること」を示した（文部科学省 2017：5-7）。

　このように「総合的な学習の時間」は，その学習内容の中核的な部分に地域との連携が組み込まれることが想定されていると同時に，その学習の教材となる情報そのものが社会から子どもたちによって収集され，その収集された情報を子どもたち自身が整理・分析して，その学習成果を社会に発信・還元することがめざされているのである。

　その意味では，「総合的な学習の時間」を効果的に実施するために，地域連携は，不可欠の要素といってよい。

（2）京都教育大学附属桃山小学校「メディア・コミュニケーション科」の実践事例から

　京都教育大学附属桃山小学校における「総合的な学習の時間」の実践は，前述の視点から，非常に参考となる先進的事例といえよう。

　同小学校では，京都の様々な保存会や専門家と連携して，伝統音楽や郷土の音楽に関する教育活動を行ってきた。特に2017年度からの「我が国の伝統や文化に関する教育の充実に係る調査研究」等で，文部科学省の研究委託をうけ，京都の伝統音楽に関する音楽教育の充実を目指したカリキュラム開発など教科教育における地域連携には目を見張るものがあるが，なかでも，本項では，同小学校の「メディア・コミュニケーション科」を取り上げたい（井上・池田 2021）。

　同小学校では，2011年度より4年間にわたり文部科学省研究開発指定を受けて小学校課程における情報教育を核とする「メディア・コミュニケーション科」を独自に創設し，「情報」をテーマに1年生から6年生まで系統立てた実践を行っている。低学年では様々なメディアの特性を知り，高学年になると相手を意識して必要なメディアを選択・活用し，コミュニケーションが豊かに行えるよう学習を進めている。この「メディア・コミュニケーション科」は，現代的な諸課題に対応する横断的・総合的な課題を学ぶ「総合的な学習の時間」の一環と位置づけられている。同校がICT機器を活用した各教科の教育手法

など「教育の情報化」に関する研究や，情報教育の中核を担う新教科「メディア・コミュニケーション科」のカリキュラム開発の研究に2009年度以降継続的に取り組んできたことに対して，同校は2017年度「情報化促進貢献表彰」文部科学大臣賞にも選ばれた。たとえば，6年生では，京都市内巡りの遠足ともリンクして，「私たちの町のみ力を伝えよう」をテーマに，ウェビング等により事前に情報を「あつめる」→情報を「せいりする」→遠足で得た情報等を「まとめる」→特定の相手を想定してICT等の伝達手段や内容を考えて「つたえる」→伝えた相手へのアンケート等も活用して学習全体を「ふりかえる」という流れで同単元のメディア・コミュニケーション科の学習が行われている。このように地域とかかわり，子どもたちがICTを活用しながら「主体的・対話的で深い学び」を実現していく授業実践とその研究を進めている。

　このように同校では，地域社会と結びついた課題について，対人・対物（実物，図書，パンフレット等）からの情報とICTで収集した情報を整理・分析し，さらにそれを伝える相手に応じた内容で，効果的かつ適切（著作権への配慮等も含む）に様々なメディアを用いて社会に発信するアクティブ・ラーニングが実現されている。

4　京都教育大学附属桃山中学校の環境教育

　前項の京都教育大学附属桃山小学校と，京都教育大学の幼小中連携（同大学附属桃山地区学校園［附属幼稚園，附属桃山小学校，附属桃山中学校］）でつながる同中学校でも，特色ある「総合的な学習の時間」の実践が取り組まれている（溝部・田中 2021）。

　同中学校の「総合的な学習の時間」の特徴は，同一課題に対して，学年ごとに学習を積み上げる学年進行型の学習（共通必修）と異学年混在型の学習（応用選択（MET：Momoyama Explorers' Time））の2つのアプローチを統合したカリキュラムを編成している点にある。

　「共通必修」は，学年ごとに行われる「総合的な学習」である。「環境」・「国際理解」・「福祉・健康」（これらは「系」と呼称されている）など，どの教科

にも属さない学習，あるいは教科横断的な課題を「共通必修」の基本的な学習
のテーマとして学ぶ。たとえば，生徒は，消防署の救急隊員から「救急救命
法」を学んだり，「グリーンプラン（学級菜園）」や「留学生との交流会」に取
り組んだり，「性」「障害者福祉」「人権」などについて学び，各教員は各「系」
のいずれかに属して，「系」の３年間のカリキュラムを検討することになる。
各「系」の目標や内容を踏まえて，全生徒が共通して学習する内容と方法が設
定・実施されている。これらは，クロスカリキュラムなど教科を中心とした授
業や，学級などの特別活動として行う場合がある。このほかに，「情報」に関
する授業（ION：Information Communication Presentation の語尾から名付けられ
た科目名）も全生徒が共通に学ぶ内容として設定されている。「ION」は毎週
１時間設定されており，コンピュータ教室を使い，コンピュータの基本的な機
能（ワープロ，表計算など）の使い方から始め，インターネットやメールの活
用に関する学習を経て，プレゼンテーションの方法や，ホームページ作成の基
礎までを学ぶカリキュラムである。前項の桃山小学校におけるメディア・コミ
ュニケーション科の学習と同中学校の「ION」が，一連の情報教育として，連
携・展開されている様子がうかがえる。

　「MET」は，同校の「総合的な学習」の中心をなす教育活動で，２，３年生
が学年の枠をはずし，地域を生かし，様々な人と関わりながら，自ら選んだ
コースの中で，主体的に課題解決型の学習を展開している。１年生は，
「PreMET」という時間を設け，地元伏見をフィールドにして，課題設定のし
かた，調査研究のしかた，研究成果のまとめ方や発表のしかたなど，課題解決
学習の基礎を学ぶカリキュラムとなっている。同校ホームページに紹介された[2]
MET の活動内容のテーマとして，「日本文化を探る〜漢字・漢詩を通して考
えよう」「ユニバーサルデザインを考えよう」「人生デザイン U-15」「日本文化
と和の心」「野鳥博士入門（バードメイト）」「京都の建築について考えよう」
「スポーツを科学する」「一期一会〜お茶を通して」「不思議発見‼　京の科学
系博物館を探る」「アスリートフード入門」などがある。

　これらの学習が地域社会の文化，自然環境，専門機関や地域の人々とつなが
りながら探究を深めていったことは，そのテーマ設定と学習内容からもうかが

える（上記の学習活動の一部は同校ホームページで公開されている）。

5　学校教育における地域連携の意義——「連携」の本質を問う

　本章で紹介した地域連携の実践は，子どもたちにとって学び甲斐のあるカリキュラムだったであろうことは容易に想像できるが，それと同時に，その学習効果の事後評価を，児童生徒・教員・保護者等の視点から多面的に行い，そのデータに基づくリフレクションとその活用がなされている点も見逃すことはできない。

　本章で論じてきたように地域と連携した教育活動は，教育効果においてポジティブな要素を数多く含んでいるが，広域での活動や多くの人々と接点をもつことは，一定のリスクを生じることもまた否定できない。たとえば，特別活動等における校外活動において，子どもたちや地域の人たちが実感した成果とともに，そのリスクや改善点も含めて検証を行い，翌年以降の実践に活かすリフレクションは不可欠である（吉田 2021）。

　真の「連携」が目指すものは，子どもたち自身の学びと発達の支援であり，安心・安全な教育環境の保障である。地域連携に関わるカリキュラムは，逐次，学習者である子どもの視点から，計画的・組織的に見直されていかねばならない。すでに多くの学校が様々なかたちで地域連携を行ってきているが，本章で取り上げた実践事例のように，これまでの地域連携を，カリキュラム・マネジメントの体系的な見直しを通じて改善していくことは，子どもたちの学びをより良いものにしていくために，非常に大きな意味をもつであろう[3]。

学習課題

（1）自分たちが小学校から高等学校で経験した授業や特別活動（学校行事等）のなかで，地域と連携した教育活動を振り返り，その教育的な効果や意義について討議しよう。

（2）本章の内容を参考に，自分が地域の人々・団体・機関等と連携して取り組みたい授業や特別活動をプランニングしてみよう。

注

1 ）高槻市立大冠小学校の「お弁当の日」の取り組みについては，関（2019）。
2 ）京都教育大学附属桃山中学校ホームページ（総合的な学習）https://www.kyokyo-u.ac.jp/MOMOCHU/study.html　（最終閲覧2021年10月28日）
3 ）高等学校における地域連携と教科横断型の実践事例については，吉田（2013）。

引用・参考文献

井上美鈴・池田恭浩（2021）「相手を意識して，主体的に情報を活用しようとする子の育成――情報活用能力を育成するメディア・コミュニケーション科の実践から」吉田卓司・長谷川精一・奥野浩之編『総合的な学習／探究の時間の実践研究』渓水社，40-49.

大阪府「英語教育推進事業に係る取組み」https://www.pref.osaka.lg.jp/shochugakko/dream/

関美和子（2019）「実践！みんなが主役――お弁当の日・はじめの第一歩」『もぐもぐ』（発行：『お弁当の日』応援プロジェクト）10：8.

高槻市（2009）「高槻市多文化共生施策推進基本指針」.

平山欣生（2019）「教科化を意識した授業づくり――高槻市立大冠小学校の実践例」『鳴門教育大学小学校英語教育センター紀要』10：61-70.

平山欣生（2018）「私の授業・英語・高槻市立大冠小学校の実践」学校図書『TEADA』24：6-9.

溝部卓司・田中曜次（2021）「伏見を題材にした環境教育」吉田卓司・長谷川精一・奥野浩之編『総合的な学習／探究の時間の実践研究』渓水社，50-60.

文部科学省（2017）『中学校学習指導要領解説総合的な学習の時間編』

吉田卓司（2013）『教育方法原論――アクティブ・ラーニングの実践研究』三学出版.

吉田卓司（2021）「特別活動における事故防止の課題」『日本看護・教育・福祉学研究』4(1)：54-63.

（吉田卓司）

第12章

これからの教育課程
——考えを深めるために

　現代の学校教育が担わなければならない課題の一つに，各学校が育て
たい子ども像，目標にしている子どもの姿を実現するということがある。
その実現のためには，子どもたちに身につけさせたい資質・能力を，学
習指導要領総則などを通して育んでいく必要がある。その資質・能力を
育むための一つの取り組みとして，カリキュラム・マネジメントを充実
させなければならない。そして，それらを支援するための制度として，
学校運営協議会制度，また，これからの学校教育を大きく変える，
GIGA スクール構想について確認して欲しい。

1　育みたい子ども像のために——カリキュラム・マネジメントを通して

　各々の学校では，すでにカリキュラム・マネジメントに着手しながら，カリ
キュラム作成がすすめられていると思われる。子どもたちに必要な資質や能力
を育み，各学校が育てたい子どもの姿に近づけていくためにもカリキュラム・
マネジメントの充実は欠かせない。学校で育みたい子ども像，それは「生きる
力」が身についた子どもの姿と重なる。であるならば，「生きる力」の育成，
そのためには，子どもたちの「確かな学力」「豊かな心」「健やかな体」を育む
こと（小学校学習指導要領解説・総則編，23頁，中学校学習指導要領解説・総則編，23
頁）が挙げられる。

> 基礎的・基本的な知識及び技能を確実に習得させ，これらを活用して課題を解決す
> るために必要な思考力，判断力，表現力等を育むとともに，主体的に学習に取り組
> む態度を養い，個性を生かし多様な人々との協働を促す教育の充実に努めること。
> （小学校学習指導要領解説・総則編，23頁，中学校学習指導要領解説・総則編，23
> 頁。下線は筆者）

　たとえば，「主体的に考え，行動できる子ども」ということをある学校の教育目標に掲げたとしたならば，具体的にどのようなカリキュラムができるのか。教育目標である「主体的に考え，行動できる子ども」を育成するというのは，ある意味では全人的にバランスの取れた子どもを育てるということにもつながってくる。それゆえに，「主体的に考え，行動できる子ども」を育てるというのは，学びに向かうための知識・技能を習得し，思考力・判断力・表現力等をより身につけ（確かな学力），豊かな人間性等（豊かな心），元気で健やかな身体（健やかな体），そういった全人的にバランスのとれた子どもを育成するということである。全人的にバランスのとれた子どもを育んでいくためには，やはり，カリキュラム・マネジメントの実現を可能にする教科等横断的な視点に立って教育課程を遂行していかなければならない。

　このような視点から教育課程を遂行していく場合，たとえば，子どもたちの「確かな学力」「豊かな人間性」を育成するためのカリキュラム・マネジメントの充実を図り，道徳教育や体験活動，特別活動との関連付け（「道徳教育や<u>体験活動</u>，多様な表現や鑑賞の活動等を通して，<u>豊かな心や創造性の涵養を目指した教育</u>の充実に努めること。」）（小学校学習指導要領解説・総則編，24頁，中学校学習指導要領解説・総則編，24頁。下線は筆者）や，学校での教育活動全体にわたり行われる道徳教育（特別の教科である道徳）と，各教科，教科外活動，「総合的な学習の時間（高等学校では，「総合的な探究の時間」)」との関連付けを遂行していく必要がある。全教職員が各教科や教科外活動との関連性をしっかりと把握し，それらのカリキュラム・マネジメントの中での位置づけを共有していくことによって，子どもたちの実態を踏まえつつ，より効果的な子供の育成が期待できる。

　学校における<u>道徳教育</u>は，特別の教科である道徳〔以下「<u>道徳科</u>」という。〕を要として学校の教育活動全体を通じて行うものであり，道徳科はもとより，<u>各教科，総合的な学習の時間及び特別活動</u>のそれぞれの特質に応じて，生徒の発達の段階を考慮して，適切な指導を行うこと。

（小学校学習指導要領解説・総則編25頁，中学校学習指導要領解説・総則編，25頁。

　さらに，子どもたちの「健やかな体」を育成するためには，多種多様なスポーツに励むことができ，安全でバランスのとれた食事ができるように指導しなければならない。子どもたちは，保健体育の授業などを通して，様々なスポーツの経験をしていく中で，自らの傾向に適合したスポーツを見出すことができる。持続的に運動することや，体力をより身につけていくこと，それらをより多くの子どもたちが習慣化し，好き嫌いをしない，体にとってよい食のあり方を学び，実践していく必要がある。「健やかな体」を育成するためには，当然，体力等の向上はもとより，精神的に安定した，生き生きとした心のバランスが必要となる。育みたい子ども像に向かって，心身の調和のとれた学校生活を実現するためにも，自己として，あるいは，人間としてのよりよい在り方や生き方を探究し，その在り方生き方を学校教育において実現できるカリキュラム・マネジメントの充実が必要となる。

学校における体育・健康に関する指導を，生徒の発達の段階を考慮して，学校の教育活動全体を通じて適切に行うことにより，健康で安全な生活と豊かなスポーツライフの実現を目指した教育の充実に努めること。特に，学校における食育の推進並びに体力の向上に関する指導，安全に関する指導及び心身の健康の保持増進に関する指導については，保健体育科，技術・家庭科及び特別活動の時間はもとより，各教科，道徳科及び総合的な学習の時間などにおいてもそれぞれの特質に応じて適切に行うよう努めること。
（小学校学習指導要領解説・総則編31頁，中学校学習指導要領解説・総則編，31頁。下線は筆者）

　心身ともに健康な子どもを育成するためには，学校だけではなく，家庭や地域との連携を欠かすことはできない。これからの社会を担っていく子どもたちが自分の人生を切り開いていく，活力のある生涯にしていくことができるように，学校・家庭・地域がよりよく連携・協働できるようなカリキュラム・マネジメントの充実が必要となる。

> また，それらの指導を通して，家庭や地域社会との連携を図りながら，日常生活に
> おいて適切な体育・健康に関する活動の実践を促し，<u>生涯を通じて健康・安全で活</u>
> <u>力ある生活を送るための基礎が培われる</u>よう配慮すること。
> （小学校学習指導要領解説・総則編31頁，中学校学習指導要領解説・総則編31頁。
> 下線は筆者）

　各学校で育みたい子ども像（「生きる力」の育成，すなわち，「確かな学力」，「豊かな心」，「健やかな体」を育むことなど）を描き，その像の実現のためには，各学校の教育活動の質の向上を図らなければならない。教育活動の質を向上させるために，どのようにカリキュラム・マネジメントを充実させていくのかということが課題となる。各学校が目指す子ども像に少しでも近づくように，各学校において計画的に，そして長期的・継続的にカリキュラム・マネジメントのさらなる構想を試みなければならない。　　　　　　　　　　　（佐藤光友）

2　社会に開かれた教育課程を実現するための教育制度

　新学習指導要領では育成を目指す資質・能力が3つの柱で整理されている。「学んだことを人生や社会に生かそうとする学びに向かう力，人間性など」「実際の社会や生活で生きて働く知識及び技能」「未知の状況にも対応できる思考力・判断力・表現力など」の3つが示されている。このような資質・能力を育成するための理念が「社会に開かれた教育課程」である。そして，「社会に開かれた教育課程」を実現するためにカリキュラム・マネジメントの充実が必要であることは上述の通りである。加えて，「社会に開かれた教育課程」を実現するための教育制度として，学校運営協議会が果たす役割が重要になってくる。
　学校運営協議会制度は，2004年に地方教育行政の組織及び運営に関する法律第47条の5で定められた。学校運営協議会とは，教育委員会より任命された委員が，一定の権限と責任を持って，学校の運営とそのために必要な支援について協議する合議制の機関である。この制度によって，学校と地域住民等が力を合わせて学校の運営に取り組むことが可能となる「地域とともにある学校」へ

の転換を図るための有効な仕組みとなることが期待されている。学校運営協議会の主な役割として，「校長が作成する学校運営の基本方針を承認する」「学校運営に関する意見を教育委員会又は校長に述べることができる」「教職員の任用に関して，教育委員会規則に定める事項について，教育委員会に意見を述べることができる」の3つがある。

　学校運営協議会制度と同様に，学校運営に保護者や地域住民の意見を反映させることを目的とした制度として，2000年に学校教育法施行規則第49条に定められた学校評議員制度がある。学校評議員制度は，我が国で初めて地域住民の学校運営への参画の仕組みを制度的に位置づけた。この制度は，校長が必要に応じて学校運営に関する保護者や地域住民の意見を聞くための制度であり，校長の求めに応じて学校評議員が個人として意見を述べるものである。学校評議員の意見は，学校運営協議会の意見と異なり，合議によるものではないこと，校長の意思決定に対し直接影響を及ぼすものではないことなどの違いがある。学校運営協議会を置く場合には，学校運営協議会の委員が校長の求めに応じて個人としての意見を述べることで，学校評議員と同様の役割を果たすことも考えられる。そのため，文部科学省は「コミュニティ・スクールのつくり方（学校運営協議会設置の手引き）（令和元年度改正版)」のなかで次のように述べ，学校評議員から学校運営協議会への発展を推奨している。

> 　開かれた学校づくりに向けて一定の役割を果たしてきた学校評議員制度ですが，校長の求めに応じて個人的に意見を述べてきた体制から段階的に発展し，子供たちや地域の未来に向けて学校・家庭・地域が社会総掛かりで当事者意識をもって取り組めるよう，学校評議員を学校運営協議会委員として任命します。このことにより，委員は校長先生の求めに応じて意見を述べるだけではなく，一定の権限と責任をもって「合議体」として学校運営そのものに意見を述べることができるようになります。

　学校運営協議会を置く学校は，コミュニティ・スクールとよばれるが，その導入校は年々増加している（図12-1)。そのコミュニティ・スクールの導入において，先頭を走っているのが京都市である。京都市では，明治の初め，全国

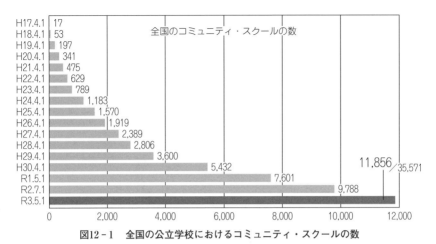

図12-1　全国の公立学校におけるコミュニティ・スクールの数

（出所）令和3年度コミュニティ・スクール及び地域学校協働活動実施状況調査について（概要）
https://www.mext.go.jp/content/20211122-mxt_chisui01-000018965_1.pdf

　に先駆けて，「番組」と呼ばれる自治組織ごとに住民自らの手で学校を創設して以来，学校が地域の核となってきた。そして，この伝統を今に活かし「地域の子どもは地域で育む」という理念のもとで，積極的に学校運営協議会を設置している。京都市は，2015年3月に政令指定都市で初めて学校運営協議会の小学校全校への設置を完了させ，2022年4月1日時点では249校・園（97.6%）に学校運営協議会を設置している。また，京都市では，学校運営協議会に具体的な学校支援活動を行う企画推進委員会（部会）を設けた「京都方式」での取り組みが推進されている（図12-2）。学校運営協議会の下の実働組織が，学校や地域の実態に応じて学校支援を行う役割を付加的に果たしていくことも，学校運営への参画をより効果的なものとすると考えられる。学校運営協議会の関係者が，実働組織の学校支援活動を通じて学校に日常的に出入りすることで，学校の状況，教員や子どもたちの実態がよくわかってくるため，より効果的に学校運営に関与していくことができるのである。

　しかし，全国的にみたとき，学校運営協議会の設置状況はまだまだ低調であるため，文部科学省が積極的な情報発信を行い，学校運営協議会を置くメリットを教育委員会や学校関係者に理解してもらう必要がある。また，コミュニティ・スクールにおいても，学校運営協議会の法律上の権限が十分に活用されて

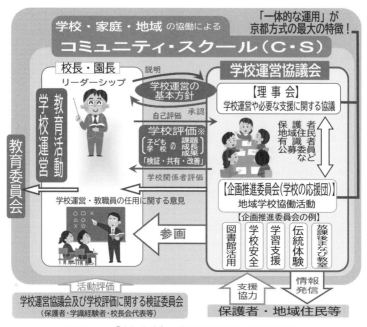

図12-2 「京都方式」の学校運営協議会 基本構想図

（出所）コミュニティ・スクール通信＠京都2020 https://www.city.kyoto.lg.jp/kyoi
ku/cmsfiles/contents/0000038/38884/cstuusin2020.pdf

いない場合があり，法律上の権限を活用し，保護者や地域住民の意見の反映を
図るという機能をもっと積極的に打ち出していくことが必要である。たとえば，
教職員の任用に関する意見の申出については，活用されていない面もあるため，
適切かつ効果的な活用例が求められる。さらに，「社会に開かれた教育課程」
を実現していくためには，先進的な取組事例の分析検討を通して，法制度その
ものを改善していくことも重要である。

　コミュニティ・スクールに関して先導的な役割を果たす京都市では，「小中
一貫教育」と「地域ぐるみの教育」を合わせ，学校・家庭・地域が一体となっ
て，家庭教育も含めた計画的・系統的な小中一貫教育に取り組み，義務教育9
年間の学びと育ちを組織的に支えていくため，2015年には中学校区単位で運営
する「小中合同の学校運営協議会」を設置している。小中合同の学校運営協議
会では，中学校区としてのめざす子ども像の実現や小・中学校で共通した課題

の解決に向けた協議に加え，「中学校区単位での合同行事の実施」や，「小・中学校での学校評価項目の共通化」，「家庭学習の実践項目を示した『中学校区版・家庭学習の手引き』の作成」等，中学校区全体で子どもを育てていくという意識のもと，様々な取組が展開されている。その後，2017年には法改正（地方教育行政の組織及び運営に関する法律第47条の6）が行われ，従来は「小中合同の学校運営協議会」を設置する場合も指定学校ごとに設置されていたが，2つ以上の学校の運営に関し相互に密接な連携を図る必要がある場合，「2つ以上の学校について1つの学校運営協議会を置くことができる」ようになった。京都市では，2022年4月1日時点で72の中学校区のうち48校区に小中合同の学校運営協議会が設置されている。今後，これらの学校運営協議会による先進的な取組事例が学校運営協議会制度を充実・発展させることによって，「社会に開かれた教育課程」が実現されることを期待したい。　　　　　　　　（奥野浩之）

3　GIGA スクール構想とカリキュラム・マネジメント

　GIGA（ギガ）スクール構想の推進により1人1台のタブレット端末導入が急速に進んだ。学校内・教室のインターネット環境や無線 LAN の整備はまだ充分とは言えないが，これも順次進展していくであろう。

　しかし，単に環境が整備されただけで授業が充実し，確かな学力保障につながるわけではない。タブレット端末は，あくまで学習の道具であり，それ自体に活用する意義・意味があるわけでもない。そのため，めざす力の育成に向けたカリキュラムが重要であり，それに応じた活用方法を検討することではじめて有効活用につながっていく。

　そこで，本節では最初に簡単に GIGA スクール構想についてその目的と内容を確認し，その上で教育課程のあり方について考えてみたい。

　GIGA とは「Global and Innovation Gateway for All」の略語であり，1人1台の端末と高速通信環境の整備をベースとして，「Society 5.0」[1]（平成28年1月策定の科学技術基本計画において提唱）の時代を生きる子どもたちのため

に「個別最適化され，創造性を育む教育」を実現させる施策で，「全ての児童・生徒に世界のさまざまな技術革新を利用できるようにする」という意味が込められている。

　GIGA スクール構想の目的を文部科学省 HP「GIGA スクール構想の実現について」から確認すると，2020（令和 2）年に発表されたリーフレット『GIGA スクール構想実現へ』では「1 人 1 台端末は令和の学びの『スタンダード』」との標語が記され，「1 人 1 台端末と，高速大容量の通信ネットワークを一体的に整備することで，特別な支援を必要とする子供を含め，多様な子供たちを誰一人取り残すことなく，公正に個別最適化され，資質・能力が一層確実に育成できる教育 ICT 環境を実現する」こと，「これまでの我が国の教育実践と最先端の ICT のベストミックスを図ることにより，教師・児童生徒の力を最大限に引き出す」ことと説明している。

　さらにコロナウイルスの流行と新たな生活様式への対応を受けて，リーフレットの追補版『GIGA スクール構想の加速による学びの保障』では，「1 人 1 台端末の早期実現や，家庭でも繋がる通信環境の整備など，『GIGA スクール構想』におけるハード・ソフト・人材を一体とした整備を加速することで，災害や感染症の発生等による学校の臨時休業等の緊急時においても，ICT の活用により全ての子供たちの学びを保障できる環境を早急に実現」することがその目的に加えられ，GIGA スクール構想は急加速した。

　先述のリーフレット「GIGA スクール構想実現へ」では「これまでの教育実践の蓄積」×「ICT」によって「学習活動の一層の充実」および「主体的・対話的で深い学びの視点からの授業改革」が図られると説明し，「1 人 1 台端末の環境」が実現されることによって，次の三つのことが可能となると述べている。第一は従来の「一斉授業」が「教師は授業中でも一人一人の反応を把握」できるようになるために「子供たち一人一人の反応」を踏まえた「双方向型の一斉授業」が可能となること。第二は「各人が同時に別々の内容を学習」でき，「個々人の学習履歴を記録」できることで「一人一人の教育的ニーズ」や「学習状況に応じた個別学習」が可能になること。第三には「一人一人の考えをお互いにリアルタイムで共有」でき，「子供同士で双方向の意見交換」が可能に

なること。それにより「各自の考えを即時に共有し，多様な意見にも即時に触れられる」こととなり，双方向型の一斉学習・学習状況に応じた個別学習を踏まえた「協働学習」へと学びの転換が行われ，前述した第一から第三の学習活動の充実が実現すると説明している。

　加えて，「ICT 活用により充実する学習の例」には「調べ学習」として「課題や目的に応じて，インターネット等を用い，様々な情報を主体的に収集・整理・分析」「表現・制作」のために「推敲しながらの長文の作成や，写真・音声・動画等を用いた多様な資料・作品の制作」「遠隔教育」として「大学・海外・専門家との連携，過疎地・離島の子供たちが多様な考えに触れる機会，入院中の子供と教室をつないだ学び」，また「情報モラル教育」として「実際に情報・情報技術を活用する場面（収集・発信など）が増えることにより，情報モラルを意識する機会の増加」があげられている。

　Society 5.0が目指す効率的な社会に向けて，文部科学省は GIGA スクール構想を進めてきた。図らずも新型コロナウイルス感染症がもたらした新しい生活様式は GIGA スクール構想の推進の必要性を高め，義務教育の現場では多くの自治体が2023年度までの目標とされた水準に達した。

　しかし，ICT 機器の導入によって，その活用を強いられている学校・教員はどのように教育内容や方法を変換することができているのであろうか。ただ単に ICT 機器を使用すれば良いというものではない。

　教育現場には「知識・技能」を身につける場面や「思考力・判断力・表現力」を培う場面に1人1台端末の活用が想定されているが，ただ単に ICT 機器を使用すれば良いというものではない。なぜ「その授業」「その場面」で端末を使うのか，「何のために」「どのように」使うのかを念頭に置きながら，端末を使うことで，より児童・生徒の学びを深めることにつながり，「学習指導要領」の求める「資質・能力」を育むものとなることが期待される。学校・教育にはそのためのマネジメントが求められる。そうでなければ授業は ICT 機器に「触れる」，「慣れる」時間となってしまう。

　そのために学校として教育活動の全体計画における位置づけや原則を共有す

ることが求められ，各学校の教育目標をふまえた教育課程というレベルで確認し，教職員全体が認識しておくことがいくつか存在する。

　1つめは，不登校・登校拒否で学校に行くことができなかった児童・生徒への対応がある。これらの児童・生徒たちへの学習権の保障ができる手立てを講じることや，障がいを持つ児童・生徒たちへの学習支援体制の構築について確認し共有することである。このことはリーフレット『GIGAスクール構想の実現へ』で謳われた「多様な子供たちを誰一人取り残すことなく」への解答にもつながる。

　2つめは，家庭の経済的な差にかかわらず，すべての児童・生徒が平等に1人1台端末を学校でも家庭でも活用できる条件整備について確認し共有することである。児童・生徒の居住する地域や家庭の環境を含めた一人一人への理解が今以上に必要となる。地域や家庭の環境の差による学習条件の格差が起きないような配慮が求められる。

　3つめには，公正な「個別最適化」の名のもとに個々人の学習履歴がデータとして記録されることについての認識と問題意識の共有である。

　企業が作っている各種のアプリを活用することは児童・生徒の「学習ログ（記録）」がデータとして収集されることになる。学習ログに加えて「身体や健康」のデータも集約され，個人情報の一元化が進行していることへの認識と，まずもってそのデータ管理がどのように行われているのかが学校現場にも明らかにされる必要がある。児童・生徒の情報を最初に作成することとなる学校の場で，個人情報に対する取り扱いに対しては，一人一人の個人情報の保護を第一に，人権にねざした原則的な対応が求められる。

　4つめには，教育課程は地域社会を念頭に，在籍する児童・生徒の特質や育成すべき資質・能力から，それぞれの学校の特色を協議し「教育の目標」を定めた上で，教育活動の全体計画として作成されるものである。ここに，児童・生徒の発達段階・特質に即してICT機器の活用をどのように位置づけるのか今一度，確認する必要がある。児童・生徒たちの実態に合わせ「ICT活用がより良い」学習となる授業なのか，あるいは逆に「アナログの方がより良い」学習になる授業かをそれぞれの教科での授業実践を共有し，さらに学年間での

交流を深めたうえ，学年・学校全体で ICT をどのように活用するのか，どのような学習内容・方法を行うことで学習指導要領の求める「資質・能力」を育むことができるのか，実態に即した新たなカリキュラム開発が求められる。

　そして，5つめとして最後に，第1節の「育みたい子ども像のために」，第2節の「社会に開かれた教育課程を実現するために」で論じられた，これからの教育課程・教育制度が示したことを踏まえると，この GIGA スクール構想を切り口に保護者も含めて学校全体で教育課程について議論をするチャンスが広がっていると考える。

　どのような教育が相応しいのか，学校とはどうあるべきものなのか，学校に必要な「こと」や「もの」とは何か，児童・生徒・教職員・保護者が手を携えながら改めて議論を行い，その上で特色のあるそれぞれの学校独自の「教育課程・カリキュラム」づくりを進める機会が，より一層広がっていくのではないだろうか。進められていく GIGA スクール構想の中で，未来を担う子どもたちの成長・発達を保障するための教育課程・カリキュラムづくりを共に考えて行く機会としたい。

注

1）人類が自然と共生しながら狩猟や採集をしてきた狩猟採集社会を Society 1.0，農耕を基盤に集団を形 成し，組織を増大させて国家を築くようになった農耕社会を Society 2.0，産業革命によって工業化を推し進め，大量生産を可能にした工業社会を Society 3.0，さらに情報化にしている。より無形資産をネットワークで 結び，多様な付加価値を生み出すようになった情報社会を Society 4.0と定義している。

2）文部科学省 HP「GIGA スクール構想の実現について」https://www.mext.go.jp/a_menu/other/index_00001.htm　参照のこと

（児玉祥一）

（1）知識・技能，思考力・判断力・表現力等，学びに向かう力，人間性等を育む
　　ために目指そうとする子ども像を設定し，カリキュラム・マネジメントに取り組
　　んでみよう。
（2）学校運営協議会が果たしている役割をにを about 具体的に調べてみよう。
（3）効果的な ICT の活用を考えた教科や総合的な学習の時間の単元構想案および
　　授業案を作成してみよう。

引用・参考文献

文部科学省（2018）『小学校学習指導要領（平成29年告示）解説　総則編』東洋館出
　　版社.

文部科学省（2018）『中学校学習指導要領（平成29年告示）解説　総則編』東山書房.

文部科学省 HP「学校運営協議会制度（コミュニティ・スクール）に関する主な意見
　　等の整理」https://www.mext.go.jp/b_menu/shingi/chukyo/chukyo3/038/siryo/
　　attach/1286199.htm　2022年 5 月12日閲覧

文部科学省 HP「コミュニティ・スクールのつくり方（「学校運営協議会」設置の手引
　　き）令和元年度改正版」https://www.mext.go.jp/a_menu/shotou/community/sc
　　hool/detail/20210119-mxt_chisui02_001.pdf　2022年 5 月12日閲覧

京都市教育委員会 HP「京都方式の学校運営協議会」https://www.city.kyoto.lg.jp/kyo
　　iku/page/0000038884.html　2022年 5 月12日閲覧

文部科学省 HP「GIGA スクール構想の実現について」https://www.mext.go.jp/a_
　　menu/other/index_00001.htm　2022年 8 月 8 日閲覧

索引（＊は人名）

考えを深めるための教育課程

2023年3月20日　初版第1刷発行　　　　　　　〈検印省略〉

定価はカバーに
表示しています

	児	玉	祥	一
編 著 者	佐	藤	光	友
	奥	野	浩	之
発 行 者	杉	田	啓	三
印 刷 者	中	村	勝	弘

発行所　株式会社　ミネルヴァ書房

607-8494　京都市山科区日ノ岡堤谷町1
電話(075)581-5191／振替01020-0-8076

© 児玉, 佐藤, 奥野ほか, 2023　　　中村印刷・藤沢製本

ISBN978-4-623-09340-3

Printed in Japan

カリキュラム研究事典
―― クレイグ・クライデル 編

西岡加名恵・藤本和久・石井英真・田中耕治 監訳　B5判　834頁　本体20000円

●カリキュラム論の発祥地・アメリカでつくられたカリキュラム研究事典。基本的なキーワードの解説に加えて周辺にあるコンセプトや研究機関の解説まで全505項目を収録。それぞれの項目を簡潔かつ明快に解説，「読む事典」として活用できる。今後の日本の教育課程への示唆を与える一冊。

［原書 Craig Kridel (Ed.) *Encyclopedia of Curriculum Studies*. Vol. 1-2 (SAGE, 2010)］。

小学校教育用語辞典
―――――――――― 細尾萌子・柏木智子 編集代表　四六判　408頁　本体2400円

●小学校教育に関わる人名・事項1179項目を19の分野に分けて収録。初学者にもわかりやすい解説の「読む」辞典。小学校教員として知っておくべき幼稚園教育や校種間の連携・接続に関する事項もカバーした。教師を目指す学生，現役の教師の座右の書となる一冊。

考えを深めるための教育原理
――――――――― 佐藤光友・奥野浩之 編著　A5判　208頁　本体2400円

●現場の教員や教職を目指す学生が教育を支える理念や思想，学校教育制度，教育内容やその方法などについて考えを深めるための教科書。教育の原理的な事項にかかわる内容を，子ども・学校・家庭・社会の観点から考察する。教育とは何かについて，西洋と日本の教育思想から捉え直し，西洋の学校教育制度と日本の学校教育制度から教育の内容を学ぶ。学習支援，生涯学習，教育の方法や教育課程と学級経営，さらに，授業のデザインについての考えを深めていく。

―――――― ミネルヴァ書房 ――――――

https://www.minervashobo.co.jp/